学衡尔雅文库

主编　孙江

南京大学文科"双一流"专项经费资助

宋逸炜　著

国际主义

Internationalism

江苏人民出版社

图书在版编目(CIP)数据

国际主义 / 宋逸炜著. -- 南京 : 江苏人民出版社,
2025. 2. -- (学衡尔雅文库 / 孙江主编). -- ISBN
978 - 7 - 214 - 30203 - 8

Ⅰ. D069

中国国家版本馆 CIP 数据核字第 2025XD8964 号

书　　　名	国际主义
著　　　者	宋逸炜
责 任 编 辑	王暮涵
装 帧 设 计	有品堂_刘　俊
责 任 监 制	王　娟
出 版 发 行	江苏人民出版社
地　　　址	南京市湖南路 1 号 A 楼,邮编:210009
照　　　排	江苏凤凰制版有限公司
印　　　刷	南京爱德印刷有限公司
开　　　本	850 毫米×1168 毫米　1/32
印　　　张	6.625　插页6
字　　　数	130 千字
版　　　次	2025 年 2 月第 1 版
印　　　次	2025 年 2 月第 1 次印刷
标 准 书 号	ISBN 978 - 7 - 214 - 30203 - 8
定　　　价	49.00 元(精装)

(江苏人民出版社图书凡印装错误可向承印厂调换)

回看百年前的中国,在 20 世纪之初的十年间,汉语世界曾涌现出成百上千的新词语和新概念。有的裔出古籍,旧词新意;有的别途另创,新词新意。有些表征现代国家,有些融入日常生活。

本文库名为"学衡尔雅文库"。"学衡"二字,借自1922 年所创《学衡》杂志英译名"Critical Review"(批评性评论);"尔雅"二字,取其近乎雅言之意。

本文库旨在梳理影响近现代历史进程的重要词语和概念,呈现由词语和概念所构建的现代,探究过往,前瞻未来,为深化中国的人文社会科学研究提供一块基石。

目录

楔子

1939 年 12 月 15 日，陕北杨家岭，延安世界语协会展览会开幕，会场显著位置摆放着毛泽东的题词：

我还是这一句话：如果以世界语为形式，而载之以真正国际主义之道，真正革命之道，那末，世界语是可以学的，是应该学的。①

世界语（Esperanto）是波兰籍犹太人柴门霍夫（Lazarz Zamenhof）于 1887 年发明的人造国际语，旨在为不同语言使用者的交流提供方便。20 世纪初，世界语传入中国，特别是对无政府主义者产生了一定影响。毛泽东题词中的"我还是这一句话"，充分表明他对世界语早有了解。也正因如此，毛泽东

① 中共中央党史和文献研究院编：《毛泽东年谱》第 2 卷，北京：中央文献出版社 2023 年版，第 150 页。

指出,只有将世界语的"形式"与"真正国际主义之道""真正革命之道"相结合,才有学习这门语言的必要。

进一步看,如果把"真正革命之道"理解为中国共产党领导的革命道路,那么,"真正国际主义之道"有着怎样的意涵?"真正"一词所蕴含的独特性、唯一性的背后,是否还存在关于国际主义的不同解释?

在中国共产党的话语体系中,国际主义是马克思主义的根本立场之一,它超越了民族国家的边界,追求全世界无产阶级的团结和联合。早在 1920 年底,留日归国的李达就在阐述社会主义基本原理的《马克思还原》一文中这样说道:"资本主义跋扈,渐带国际的倾向,而无产阶级的作战,亦趋于国际的团结";他还指出,1875 年由马克思派和拉塞尔派合并而来的德国社会民主党,是"国际主义派与国家主义派互相提携结为一党",该党的不断堕落则是"由国际主义堕落到国家主义"的体现。① 再如,1928 年 2 月,当时主持中央工作的瞿秋白在党的机关刊物《布尔塞维克》上撰文,讨论"无产阶级的国际主义与民族解放"之关系。他认为:在世界社会主义革命的时代,"无产阶级的政党是国际主义的","因为只有彻底的国际主义,才能赞助一切被压迫的民族和殖民地的独立运动"。②

---

① 李达:《马克思还原》(1920 年 12 月 26 日),《新青年》第 8 卷第 5 号,1921 年 1 月 1 日,第 1、3—5 页。
② 秋白:《世界革命中的民族主义(续)》(1928 年 2 月 11 日),《布尔塞维克》第 18 期,1928 年 2 月 20 日,第 602 页。

　　九一八事变之后，面对日益高涨的抗日民族情感，中国共产党清醒意识到国际联盟的软弱，着力强调爱国主义和国际主义的统一。1937年3月，毛泽东在回答美国记者史沫特莱（Agnes Smedley）有关统一战线的问题时指出："中国共产党人是国际主义者，他们主张世界大同运动；但同时又是保卫祖国的爱国主义者，为了保卫祖国，愿意抵抗日本到最后一滴血"；"这种爱国主义与国际主义并不冲突，因为只有中国的独立解放，才有可能去参加世界的大同运动"。① 1938年10月，毛泽东在扩大的六届六中全会上作《论新阶段》的政治报告，深刻论述了中国共产党在民族战争中的地位，"对于我们，爱国主义与国际主义密切结合着，我们的口号是为保卫祖国反对侵略者而战"。② 这次会议通过的政治决议案，进一步明确了党在民族自卫战争中的角色："中国共产党是中华民族的一部分先进的儿女，以满腔热忱和无限英勇参加反抗日寇保卫祖国的事业，是真正无产阶级先锋队和国际主义战士应有的态度和必需的工作。"③

① 毛泽东：《中日问题与西安事变——和史沫特莱的谈话》（1937年3月1日），中共中央文献研究室编：《毛泽东文集》第1卷，北京：人民出版社1993年版，第484页。
② 毛泽东：《论新阶段——抗日民族战争与抗日民族统一战线发展的新阶段》（1938年10月12日—14日），中共中央文献研究室、中央档案馆编：《建党以来重要文献选编（1921—1949）》第15册，北京：中央文献出版社2011年版，第638页。
③ 《中共扩大的六届六中全会政治决议案》（1938年11月6日），中共中央文献研究室、中央档案馆编：《建党以来重要文献选编（1921—1949）》第15册，第762页。

由此，回到毛泽东于 1939 年 12 月 9 日为延安世界语协会展览会写的题词，"真正国际主义之道"呼应了全民族抗战的时代背景，指的是中国共产党将国际主义理想与爱国主义精神相结合的道路。这里的"真正"，有别于近代中国其他关于国际主义的解释，突出了这一概念的无产阶级属性。故而，本书尝试在近代中国有关国际主义的不同话语中，观察"真正国际主义"如何脱颖而出并占据主导地位的过程，审视其对中国革命乃至世界革命产生的深远影响。

第一章

基准

1789 年初，法国思想家西耶斯（Emmanuel Sieyès）出版了一部题为《第三等级是什么?》的小册子。 该书发行不过月余，销量就突破 3 万份。 西耶斯接受过专业的神学训练，亦曾在教会任职。 在启蒙运动的影响下，他对特权等级的统治愈发感到不满，多次直陈旧制度之弊。 特别是在该书中，西耶斯强调了第三等级参与现实政治的重要性：“第三等级就是整个国家（une Nation complète）”；“国民（la Nation）存在于一切之前，它是一切之本源。 它的意志永远合法，它本身便是法律”；“在法国，第三等级的代表就是国民意志（la volonté nationale）的真正受托人。 故此他们可以准确无误地代表全体国民（la Nation entière）讲话”；“第三等级就是国民（la Nation）。 以此资格，他们的代表组成整个国民议会（toute l'Assemblée Nationale）；他们拥有国民议会的一切权力”。①

---

① Emmanuel Joseph Sieyès, *Qu'est-ce que le Tiers-État ?* (Troisième Édition), 1789, pp. 5, 111, 150, 154. 中译文参见 ［法］西耶斯《论特权　第三等级是什么?》，冯棠译，张芝联校，北京：商务印书馆 1990 年版，第 20、59、74、76 页。

　　无论是作为名词的"国家"或"国民"，还是作为形容词修饰"国民议会"或"国民意志"，"nation"始终指向统一的集合单数，它的负载者是排除了贵族与教士的"第三等级"。此后，西耶斯的主张伴随着革命的火焰迅速传布。1789年8月26日，制宪议会正式颁布《人权和公民权宣言》，其中第三条写道："整个主权的本原根本上乃存在于国民（la Nation）。任何团体或任何个人皆不得行使国民所未明白授予的权力。"由此，"主权在民"成为法国的一项宪法性原则，"nation"也成为贯穿法国大革命进程的一个基础性概念。然而，大约同一时期，就在隔海相望的英国，出现了一个含义超越"nation"的新词——"international"。

一、"international"的创出

　　1780年，英国哲学家杰里米·边沁（Jeremy Bentham）开始撰写《道德与立法原理导论》，系统阐释"功利主义"（utilitarianism）立法原则。由于对其中的部分内容不甚满意，边沁迟迟不肯将之发表；直至九年后，这部厚重之作方才付梓。在该书有关"法学及其门类"的讨论中，边沁不仅区分了"国内法"（internal jurisprudence）与"国际法"（international jurisprudence）两组概念，而且特别解释了自己新近创造的"international"一词：

必须承认，国际的（international）一词是一个新词，虽然
愿它足够地相似和易懂。它被指望来用一种更具实义的方
式，表达通常归入万国法（law of nations）名下的那类法律，
因为万国法这个名目缺乏特征，要不是由于习惯的效力，就
会像是指国内法。我发觉，达盖索首相已经说过类似的话。
他说，通常所谓万国法（droit des gens）应该被叫作国际法
（droit entre les gens）。①

边沁独创的"international"一词，是在法理学范围内用
"国际法"代替此前含义模糊的"万国法"（law of nations），
指示处理不同国家的君主与平民、君主与君主之间事务的法
律，其思想渊源可以追溯到路易十四（Louis XIV）时代的法国
首相达盖索（Henri François d'Aguesseau）。 不过，《道德与立
法原理导论》一书最初的受众群体相对有限。 1802 年，法国
政治作家迪蒙（Pierre Dumont）将之编译为《民法和刑法
论》，使其影响力进一步扩大。 1823 年，边沁在修订原著时表
示，"至于'国际的'一词，从本书开始，或者说从迪蒙先生用
法语编的第一部书开始，已成为确定不移的通用语。 翻阅种种
报章杂志即可证明。"②

---

① Jeremy Bentham, *An Introduction to the Principles of Morals and Legislation*,
Oxford: at the Clarendon Press, 1907, pp. 326‐327. 中译文参见［英］边沁
《道德与立法原理导论》，时殷弘译，北京：商务印书馆 2000 年版，第
363 页。
② ［英］边沁：《道德与立法原理导论》，第 364 页。

"international" 一词在英、法文语境中的流行，可以得到相关词典的证明。 1828 年，诺亚·韦伯斯特（Noah Webster）出版的《美国英语词典》收录了 "international" 的词条，其释义为：

INTERNA'TIONAL，adjective ［inter and national.］ Existing and regulating the mutual intercourse between different nations；as international law.

国际的，形容词（"在……之间"和"国家的"），指存在于和调节不同国家之间相互交往的，如"国际法"。①

1836 年，第六版《法兰西学术院词典》增订本对 "international" 的释义为：

INTERNATIONAL，ALE. adj. Il se dit De tout ce qui passe ou se communique de nation à nation，entre les nations. *Le projet est international*.

国际的，形容词。指从国家到国家，国家与国家之间所发生或相互沟通的全部事宜。［例］这个项目是国际的。②

---

① Noah Webster，*American Dictionary of the English Language*，1828.
② F. Raymond，*Supplément au Dictionnaire de l'Académie française*，*Sixième Édition publiée en* 1835，Paris：Gustave Barba，Libraire，1836，p. 460.

浏览 19 世纪英法两国的主要词典亦可发现，有关"international"的定义大抵围绕"不同国家之间"的形容词用法展开。 不过，随着"international"一词使用频率的增加以及词典编纂方式的进步，关于该词的定义也更加详尽。 例如，1905 年第一版《牛津英语词典》的解释是：

形容词：

（1）指不同国家之间存在、构成或进行的；关于国家之间关系的。（1780 年）

（2）首字母大写，属于国际工人协会的，该组织 1864 年成立于伦敦，旨在通过政治行动来促进他们的利益，以团结所有国家（all countries）的工人阶级。（1880 年）

名词：

（1）属于两个不同国家的人（例如，国籍属于某国却在他国居住）；一个参加国际竞赛的人。（1870 年）

（2）首字母大写，等同于国际工人协会；也指该协会的成员或支持者。（1872 年）

可以看到，在形容词"不同国家之间"的基本含义以外，相关定义增加了"属于国际工人协会的"解释，补充了两种与之对应的名词用法，并考究了每条释义的最早出现时间。 此后两版《牛津英语词典》的条目虽然愈加多样（分别为 8 条和 19 条），但其核心含义没有发生变化：其一，强调两个及以上的国家（或其他主体）之间的政治、经济、文化关系；其二，特指与1864年成立的国际工人协会和社会主义、共产主义运动相关的事物。[①]

这种关于"international"的解释，深刻影响了当今英法两国主要词典关于"internationalism"的定义。例如，当前通行的第三版《牛津英语词典》对其的定义是：

（1）具有国际的特性、组成或视野的条件或特征。（1843年）

（2）不同国家之间合作与理解的原则；信仰而且拥护这种原则。（1851年）

（3）通常首字母大写。支持国际无产阶级革命的运动或主义；特别是各种社会主义或共产主义国际组织的主张或实践，现在略带贬义。（1871年）

（4）在一个国家或领土的范围内，由两个及以上的外国（foreign countries）组成的政府，它被认为需要保护。现在很少使用。主要指1876—1882年英、法两国对埃及的控制。（1879年）

再如，1984年出版的《大拉鲁斯百科词典》对法文"internationalisme"的解释是：

[①] 《牛津英语词典》官方网站，http://www.oed.com，2017年12月1日检索。

（1）不同国家利益应当服从于一个更高的普遍性利益的学说，其中共性大于差异。

（2）"无产阶级国际主义"，根据共产主义者的观点，是世界不同国家无产者之间的积极联系、执行时不考虑国家属性。①

简言之，西方语境中的"international"，符合边沁创造该词时的最初想法，即超越单一国家的界限。随着历史进程的发展，由其派生的"internationalism"一词，延伸出主张各国之间相互合作、争取无产阶级世界团结的双重意涵。

二、从"万国"到"国际"

新版《牛津英语词典》不仅指明了英文"international"一词最早出现在边沁于 1780 年写作、1789 年出版的《道德与立法原理导论》一书，而且胪列了该词被其他西方语言所借用的时间：1802 年，出现法文"international"；1829 年，出现西班牙文"internacional"；1839 年，出现德文"international"；1847 年，出现意大利文"internazionale"。通过对 19 世纪以来主要英华字典的检索，则可观察该词在近代中国的译介情况。

在 1866—1869 年德国传教士罗存德（Wilhelm Lobscheid）

---

① *Grand Dictionnaire Encyclopédique Larousse*, Tome 6, Paris : Librairie Larousse, 1984, pp. 5636 - 5639.

编纂的《英华字典》中，即有"international"的词条：

> international 国中通行的，公；international law 万国公法，国中通行之法，天下通法；the international law of Europe 欧罗巴通法，欧罗巴公法；international exhibition 万国赛考。

"国中通行"之说贴合该词在西方语境中"不同国家之间"的基本意涵，而"公"的解释更加符合中国传统的思想观念。至于"international"构成的相关词组，则出现了"万国"的译法。1884年，日本哲学家井上哲次郎编纂的《增订英华字典》，基本延续了罗存德的解释。1908年，留美归国的颜惠庆应商务印书馆之邀编撰《英华大词典》，对形容词"international"的定义有二，第一条解释与前述 1828 年《美国英语词典》保持一致，第二条解释强调了该词在工人运动中的用法；而关于该词的翻译，则兼有"万国"和"国际"的用法。类似地，在 1916 年出版的赫美玲编撰的《英汉官话词典和翻译手册》中，对于"international"的解释是"关系各国，国际的，万国的，各国的"，其中"国际调停""国际地位"等例词还标有"部订"字样，一定程度地反映了官方意志。而在 1919 年商务印书馆出版的《汉英辞典》中，则将"万国的、国际"对照于"international"。①

① 台北"中央研究院"近代史研究所英华字典资料库，http://mhdb. mh. sinica. edu. tw/dictionary/，2018 年 1 月 28 日检索。

　　"international"中文译词的确定，与近代中国翻译国际法的实践相关。1839年，林则徐邀请美国传教士翻译瑞士法学家瓦尔泰（Emeric de Vattel）于1758年出版的法文专著 *Le droit des gens*，林则徐的幕僚袁德辉同时又根据契提（Joseph Chitty）的英译本进行翻译，二人的译文分别以"滑达尔各国律例"和"法理本性正理所载"为题，收入魏源编撰的《海国图志》。① 第二次鸦片战争后，新成立的总理各国事务衙门急需学习国际法相关知识。美国法学家惠顿（Henry Wheaton）在1836年出版的专著 *Elements of International Law* 经由美国传教士丁韪良（W. A. P. Martin）的转译，以《万国公法》（初名《万国律例》）被奕䜣、文祥等人采纳，于1864年由北京崇实馆刊行，并被多次翻印。② 在该书的影响下，以"公法"为名的国际法译著不断涌现，例如1878年丁韪良、汪凤藻等人翻译的《公法变览》，1880年丁韪良、联芳等人翻译的《公法会通》，英国传教士傅兰雅（John Fryer）和汪振声翻译的《公法总论》，等等。

　　从"万国公法"到"国际法"的译名转变，日本的中介作

---

① 参见王维俭《林则徐翻译西方国际法著作考略》，《中山大学学报（哲学社会科学版）》1985年第1期，第58—67页；鲁纳《万民法在中国——国际法的最初汉译，兼及〈海国图志〉的编纂》，王笑红译，《中外法学》2000年第3期，第300—310页。

② 参见田涛《丁韪良与〈万国公法〉》，《社会科学研究》1999年第5期，第107—112页；刘禾《普遍性的历史建构——〈万国公法〉与十九世纪国际法的流通》，陈燕谷译，李陀、陈燕谷主编：《视界》第1辑，石家庄：河北教育出版社2000年版，第69—85页。

用不应忽视。 丁韪良翻译的《万国公法》刊行不过一年即已传到日本，销量颇佳，至少有 1865 年、1868 年、1875 年、1881 年和 1886 年五种翻印版。① 1873 年，日本法学家箕作麟祥将美国法学家吴尔玺的专著 *Introduction to the Study of the International Law* 译作《国际法：一名·万国公法》，而原书的中译本则是 1878 年刊行的《公法变览》。 书中，箕作麟祥将 "international law" 解释为 "各国交际上，通理条件"。② 此后，日本以 "国际法" 为题的论作不断涌现，下表是笔者在日本国立国会图书馆网站中的部分检索结果。③

时间	原著者	译者	书名	出版方
1873	ウールシー	箕作麟祥	国際法：一名·万国公法	弘文堂
1888	維廉義瓦浩児	三宅恒德	国際法	横田四郎
1889	エドアール	海軍参謀本部	海上国際法	海軍参謀本部
1891	豊島鉄太郎（編）	—	国際法講義録	豊島鉄太郎
1891	パテルノストロー（講演）	安達峰一郎	国際法及条約改正ニ係ル演述	鹿野吾一郎

① 汪向荣：《中国的近代化与日本》，长沙：湖南人民出版社 1987 年版，第 24 页。
② ウールシー 著：『国際法：一名·万国公法』，箕作麟祥訳，東京：弘文堂 1873 年版。
③ 日本国立国会图书馆官方网站，https://www.ndl.go.jp/，2019 年 1 月 11 日检索。

时间	原著者	译者	书名	出版方
1894	パテルノストロー(述)	本野一郎	国际公法講義	和仏法律学校
1894	レオン・レヴヰ	前田盛江 山中淳貫	国際法提要	東京專門学校
1895	花井卓蔵	—	非常国際法論	有斐閣
1896	有賀長雄	—	日清戦役国際法論	陸軍大学校
1897	中村進午	—	國際公法論三版	東華堂
1898	神藤才一(述)	—	国際公法講義	明治法律学校
1899	今西恒太郎	—	国際法学:附・締盟各国新条約書	丸善
1899	ウィリアム・エドワード・ホール	立作太郎	国際公法	東京法学院
1899	白井仲太郎	—	憲法・行政法・国際法疑義問答	法友館

在 19 世纪末的中、日两国，"万国公法"和"国际法"是两个同时并行的词汇。康有为在 1896—1897 年写作、1898 年春由上海大同译书局刊行的《日本书目志》卷六"法律门"中，记录了 9 种相关书目，其中"万国公法"5 种、"公法会通"1 种、"国际私法""国际公法"3 种。① 1898 年初，康有为

---

① 康有为：《日本书目志》，姜义华、张荣华编校：《康有为全集》第 3 集，北京：中国人民大学出版社 2007 年版，第 353 页。

呈递《应诏统筹全局折》，其中写道："今宜采罗马及英美德法日本之律，重定施行，不能骤行内地，亦当先行于通商各口。其民法、民律、商法、市则、舶则、讼律、军律、国际公法，西人皆极详明，既不能闭关绝市，则通商交际势不能不概予通行"。[1] 同年，梁启超在日本横滨创办《清议报》。据笔者统计，该报 100 册出现"国际"48 次，对该词的解释有"国与国有关交涉谓之国际，故交涉公法谓之国际公法""交涉事件""国与国之交际""日本以国与国相交曰国际"等等，再次提示了"国际"一词的创出与日本的联系。[2]

清末留日学生在学习法政知识的过程中，同样接触到"国际""国际法"等词语。1900 年，《译书汇编》杂志刊登日本政治家有贺长雄《近时外交史》一书的节译，其中有"所谓一国之国际者，为扩充国民之一般利益，与毋使稍损其利益计""国际之本义，固在民而不在君也""迨其后逐渐进步，立国际法，以至今日，其间之穷通险阻，不知几费经营矣"等表述。[3] 1902 年，该刊发表专文，讨论"国际公法"的字义问题。作者认为，"万国公法"的译名无法反映"国与国交际之意"，"且所

① 康有为：《应诏统筹全局折》，光绪二十八年正月初八日（1898 年 1 月 29 日），《戊戌奏稿》，清宣统三年本。
② 《清议报》（影印本），北京：中华书局 1991 年版，第 719—720、1926、2205、2842 页。
③ 有贺长雄：《近世政治史》，《译书汇丛》第 1 期，明治三十三年（1900 年）十二月五日，第 67 页。

谓万国云者，本为浮辞"。① 正因如此，在 19 世纪末 20 世纪初的中文语境中，"国际"一词的影响日益扩大。 1898—1904年，"国际"一词仅在《申报》出现 67 次；时至 1905 年，"国际"一词在《申报》出现次数高达 123 次，包括"国际公法""国际交涉""国际贸易""国际政局"等不同表述。

简言之，两次鸦片战争前后，近代中国人开始接触到国际法知识，尝试以传统的"公"观念对其加以解释，并将"international"译作"万国"。 日本学界受到来自中国和西方的多重影响，将"international"译作"国际"，使之更符合国家间交往的意涵。 通过康有为、梁启超以及留日学生的努力，"国际"一词传回中文语境，在 20 世纪初普及开来。 正是在此过程中，中国逐步迈入"国际大家庭"。②

三、"国际主义"的两张面孔

"国际主义"在近代中国的使用，略晚于"国际"一词。根据笔者在上海图书馆《全国报刊索引》数据库的检索结果，

---

① 《政法片片录：国际公法之字义》，《译书汇编》第 2 卷第 1 期，明治三十五年（1902 年）四月二日，第 143—144 页。
② 徐中约先生曾在其著作中讨论过国际法的译介问题。 参见 Immanuel C. Y. Hsü, *China's Entrance into the Family of Nations：The Diplomatic Phase 1858 - 1880*, Cambridge, Massachusetts：Harvard University Press, 1968。中译本参见［美］徐中约《中国进入国际大家庭：1858—1880 年间的外交》，屈文生译，北京：商务印书馆 2018 年版。

1908 年，在上海发行的英文刊物《字林西报》出现"internationalism"一词；1912 年，《东方杂志》将"new internationalism"对译为"新国际主义"；1914—1918 年间，关于国际主义的文章有 21 篇；而到 1919 年，相关文章有 45 篇。

然而，不同辞书对于"国际主义"的定义不尽相同。1924年，商务印书馆出版的《新文化辞书》详细介绍了"国际主义"的基本含义、历史渊源与现实例证。据其所述，"国际主义"是指在各国相互倾轧的世界格局中，竭力避免恶意竞争、尝试建立稳定秩序的原则。这种精神起源于 1814 年在拿破仑战败后召开的维也纳会议，欧洲各个君主国响应俄皇亚历山大一世的呼吁，达成了反对法国激进思想传播的同盟。第一次世界大战后，美国总统威尔逊（Thomas Woodrow Wilson）和英国外交家爱德华·格雷（Edward Grey）主张以外交和谈、经济制裁等手段解决各国争端，反对直接诉诸武力，由此创设的"国际联盟"（League of Nations）是国际主义的具体形式。这种观点构成了近代中国理解国际主义概念的重要维度，但不是唯一视角。1935 年，商务印书馆总经理王云五邀请时任复旦大学校长李登辉、东南大学校长郭秉文和之江大学校长李培恩担任联合主编，综合参考多部英文词典，出版《双解实用英汉字典》。该书指出，"internationalism"首先是"国际关系"，指依托在一个国家以上的民族情感；其次是"国际劳工运动"，指由不同国家工会组织、旨在追求世界工人进步的行动；但真正的"国际主义"，则是强调各国之间相互依存、为世界和平提供理论基础的政治哲学。①

　　20世纪30年代前后，有学者尝试运用阶级分析的方法解释"国际主义"，高尔松（笔名高希圣）就是其中之一。1923年，高尔松加入中国共产党，1925年任《民国日报》编辑，他熟谙近代西方政治思潮，由其编著的《政治思想史ABC》《社会运动全史》等书，对社会主义学说的传播起到了积极作用。1929年，高尔松等人编辑出版《社会科学大词典》，其中写道：国际主义是"无产阶级的国际的协力的意思"，"国际主义是拒绝对劳动阶级无关系的国际战的，并且反对一切侵略主义和国家主义，是豫想人类的全世界的同胞单一社会的"。②1934年，高尔松等人共同编订《政治法律大词典》，其中这样定义：

　　　国际主义（Internationalism）指立脚于国际的联带上的
　　一种平和主义。这分为两种意义，即因资产阶级和无产阶
　　级而各异观点。前者如国际联盟、军缩会议、国际劳动会
　　议，后者如国际运动、泛太平洋劳动会议等。③

　　在其看来，国际主义是主张国家间和平交往的原则，但在实践中因阶级不同可分为两类：1920年成立的国际联盟和

---

① 《双解实用英汉字典》（第11版），长沙：商务印书馆1938年版，第750页。
② 高希圣、郭真、高乔平、龚彬编：《社会科学大词典》，上海：世界书局1929年版，第482页。
③ 高希圣、郭真编：《政治法律大词典》，上海：科学研究社1934年版，第325页。

1932—1934 年间在日内瓦召开的裁军会议，属于资产阶级国际主义的范畴；而世界工人运动特别是 1927 年中国共产党在汉口组织的泛太平洋劳动会议，则是无产阶级国际主义的体现。

围绕国际主义的不同解释，《辞海》相关定义的流变具有典型意义。 1936 年，中华书局出版的《辞海》与 1924 年《新文化辞书》的解释大致相同：

> 国际主义（internationalism）始倡于拿破仑滑铁卢败后，在维也纳开和平会议之时。欧战结束，美总统威尔逊、英外相葛雷（Grey）续倡之。以国际联合会为其表现，欲于条件约束之下，使世界各国家，互相容忍退让，以泯除国际兵祸，及经济暗斗。但事实上效力甚尠。①

中华人民共和国成立后，各版《辞海》采用了"无产阶级国际主义"的解释。 1961 年出版的《辞海试行本》写道：

> 国际共产主义运动的指导原则之一。是各国无产阶级在争取民族解放、社会主义革命和建设共产主义事业的斗争中建立起来的国际团结。"全世界无产者，联合起来！"是国际主义的基本精神。它的要求是："第一、一个国家的无

---

① 舒新城、沈颐、徐元诰、张相主编：《辞海》(据 1936 年版缩印，丑集，第一四六页)，北京：中华书局 1981 年版，第 660 页。

产阶级斗争的利益应当服从全世界无产阶级斗争的利益；第二、正在战胜资产阶级的民族，有能力和决心去为推翻国际资本而承担最大的民族牺牲。"（《列宁全集》人民出版社1958年版第31卷第128页）。它要求各国无产阶级和劳动人民在反对压迫和剥削、争取民族解放和社会主义的斗争中亲密团结，互相支援，互相尊重，互相信任。要求每个马克思列宁主义政党把维护国际共产主义运动在马克思列宁主义和无产阶级国际主义原则基础上的团结，作为自己的最高国际义务，并以国际主义和爱国主义相统一的原则教育全体劳动者，为克服资产阶级民族主义和沙文主义的残余进行斗争。[1]

可以从以下四方面理解这段文字对国际主义的定义：其一，基本性质，它是"国际共产主义运动的指导原则之一"；其二，团结范围，涉及民族解放、社会主义革命和共产主义事业；其三，经典论述，马克思、恩格斯在1848年《共产党宣言》和列宁在1920年《民族和殖民地问题提纲初稿》中的代表性论述；其四，具体要求，包括各国劳动人民的相互配合、坚持国际主义与爱国主义相统一、反对资产阶级民族主义和沙文主义等内容。

---

[1] 中华书局辞海编辑所修订：《辞海试行本》第2分册《哲学》，上海：中华书局辞海编辑所1961年版，第53页。

此后，《辞海》延续了这种论述模式，对国际主义基本性质的表述没有做出改变，但其他三部分文字都有所调整。 1979年版《辞海》关于团结范围的内容，改成"全世界各国无产阶级从共同的革命利益和反对共同的阶级敌人出发"，突出这是"马克思主义的国际团结"；关于经典论述，增补了列宁提出的"全世界无产阶级和被压迫民族联合起来"的口号；关于具体要求，强调"无产阶级国际主义和革命的爱国主义相结合"。[①] 这种表述在1989年版《辞海》中更加明晰：

> 无产阶级在马克思主义指导下的国际团结的思想和道德原则。作为国际共产主义运动的指导原则之一，它的基础是全世界各国无产阶级所具有的共同的利益和共同的奋斗目标。马克思和恩格斯的"全世界无产者，联合起来"的伟大口号，列宁的"全世界无产阶级和被压迫民族联合起来"的伟大口号，是国际主义的基本精神。它同资产阶级民族主义、沙文主义相对立，要求各国无产阶级和劳动人民在反对压迫和剥削、争取民族解放和社会主义的斗争中，相互支持、相互援助。[②]

---

① 辞海编辑委员会编：《辞海》（1979年版），上海：上海辞书出版社1979年版，第1759页。
② 辞海编辑委员会编：《辞海》（1989年版），上海：上海辞书出版社1989年版，第2008页。

与之相比，1999 年《辞海》只做出了两处改动：其一，"国际团结的思想和道德原则"改作"国际团结的思想和政治原则"；其二，删去了直接引用马克思、恩格斯、列宁的论述。① 而 2009 年和 2019 年两版《辞海》则没有发生改动。② 简言之，在 1949 年以后的《辞海》中，国际主义的基本含义就是世界各国无产阶级实现联合的原则。

回顾英、法、中文词典的相关表述，大致可以区分出关于"国际主义"的两种定义。一方面，它用于现代国家的外交场合，指各国之间和平共处的交往原则；另一方面，它用于国际共产主义运动的革命语境，指全世界无产阶级实现团结的共同理想。在西方的历史脉络中，关于国际主义的思想有其渊源；而在近代中国的舞台上，关于国际主义的解释也在相互竞逐。

① 夏征农主编：《辞海》（1999 年版缩印本），上海：上海辞书出版社 2000 年版，第 924 页。
② 夏征农、陈至立主编：《辞海》，上海：上海辞书出版社 2009 年版，第 805 页。

第二章

谱系

1789—1848 年间的欧洲，既是"革命的年代"，也是"民族的春天"。英国工业革命与法国大革命掀起的巨浪，犹如车之两轮、鸟之双翼，共同推动了现代国家的兴起和世界历史的进程。如果说民族主义是"这场双元革命的产物"，那么国际主义则是这一变革时代的结果。正如 1834 年《青年欧洲兄弟守则》写道："每个人都有其特殊使命，这些使命将携手走向人类总使命的完成。这样的使命构成了民族性。民族性是神圣的。"①个人的使命是民族性的体现，民族的特性终将通向全人类的理想。

　　从词语史的视角来看，1843 年可谓"国际主义"的元年。根据《牛津英语词典》的考证，当年 6 月 16 日发行的《伦敦画报》首次出现了"internationalism"一词，具体表述是："国际

---

① ［英］艾瑞克·霍布斯鲍姆：《革命的年代：1789—1848》，王章辉等译，北京：中信出版社 2017 年版，第 151—166 页。

主义是文明的另一个词汇"。 同年9月28日，英国政治家、反
谷物法同盟创始人之一理查德·科布登（Richard Cobden）在科
文特花园发表演说，表达了"乌托邦式的国际主义"理念："自
由贸易！ 它是什么？ 为什么说，要打破隔绝各国的壁垒；这
些壁垒背后隐藏着骄傲、报复、仇恨和嫉妒之情，这些情绪不
时会突破界限，让整个国家血流成河。"① 科布登的努力最终
获得了成功，英国政府于1846年废除谷物法。 然而，从人
类历史的视角来看，1848年堪称"国际主义"的时刻，在革
命浪潮席卷欧洲主要国家的同时，马克思和恩格斯一同起草
《共产党宣言》，发出了"全世界无产者，联合起来"的
号召。

一、 人类团结的传统

"国际主义"的概念相对晚出，但其思想源远流长。 科布
登去世后，他的门生将其在"曼彻斯特检察官时代"（1832—
1848年）的四封书信整理编辑，以《商业条约：自由贸易与国
际主义》为题，于1870年出版。 全书正文共三次出现"国际
主义"的表述，分别是：

---

① https://en. wikipedia. org/wiki/Internationalism_（politics），2020年3月1日
检索。

(1) 一方面,我们受到了合作、相互依存、斡旋、服务、个人企业、国际主义等的影响。另一方面,我们被迫自食其力、自力更生,被迫培养爱国主义和忠诚精神,被迫培养团结和集体意识,总之,被迫培养民族主义。

(2) 自欧洲中世纪的历史转向以来,人类社会便有了两种伟大的冲动——16世纪国际法学科创始人,18—19世纪政治经济学开拓者——这是人类社会一种更高级更尊贵的形式,因此需要一个更好的术语,我必须将之称作“国际主义”。

(3) 第一,几乎随机取自“自由海洋”(Mare Liberum)不可计数的相似文章,用来展示国际主义本能之运作和在亚当·斯密(Adam Smith)出现200年前的16世纪伟大法学家所把握的自由贸易基础原则。现在本世纪的自由贸易者是否可以用他的精神来渗透自己呢?①

在科布登笔下,“国际主义”是自己新近创造的术语,其源头是16世纪的国际法学科和18—19世纪的政治经济学,亚当·斯密是继承自由贸易原则的杰出代表。然而,国际主义具有超越民族情感、追求普遍关怀的意涵,这远非近代社会的产

---

① A Disciple of Richard Cobden, *Commercial treaties: Free Trade and Internationalism*, *Four Letters Reprinted from the "Manchester Examiner and Times"*, London: Macmillan and Co., Manchester: Alexander Ireland and Co., 1870, pp. 52, 57, 58.

物，在纷繁交错的西方古典思想中，亦可探索其传统渊源。 关于这一领域，挪威政治家、学者克里斯蒂安·劳斯·朗格（Christian Lous Lange）作出了突出贡献。

1869 年，朗格生于挪威西南海滨小城斯塔万格（Stavanger），祖父是编辑和历史学家，父亲在军队中担任工程师。 朗格曾在奥斯陆大学学习历史、法语和英语，后在中学任教。 1909 年，他出任国际议会联盟秘书长一职，任期长达 24 年。 1919 年，他获得奥斯陆大学博士学位，正式出版《国际主义史》（第一卷）。 1938 年去世前，朗格完成《国际主义史》（第二卷）部分内容的写作，经时任诺贝尔委员会秘书长奥古斯特·舒（August Schou）补充，于 1954 年出版。 此后，奥古斯特·舒又独立完成《国际主义史》（第三卷）。①

《国际主义》（第一卷）始自古典时代，止于 1648 年《威斯特伐利亚和约》签订。 在朗格看来，国际主义是人类文明长期演进的结果，其中的人道主义思想、对战争的仇恨和对完全不公正信念的批判均有其古典传统。 "希腊化时代"是人类历史上第一个"世界性"的时代，古希腊罗马的文学和哲学作品

---

① Christian L. Lange, *Histoire de l'internationalisme*, I, *jusqu'à la paix de Westphaplie* (1648), Kristiania: H. Aschehoug &. Co. (W. Nygaard), 1919; Chr. L. Lange, August Schou, *Histoire de l'Internationalisme*, Vol II, *de la Paix de Westphalie jusu'au Congrès de Vienne*, Oslo: H. Aschehoug &. Co. (W. Nygaard), 1954; August Schou, *Histoire de l'Internationalisme*, III, *du Congrès de Vienne jusqu'à la Première Guerre Mondiale*, Oslo: H. Aschehoug &. Co. (W. Nygaard), 1958.

也有世界主义的色彩，如柏拉图、犬儒学派和斯多葛学派等。基督教提倡人类兄弟情谊和团结的教义隐含着和平主义的原则，导向一种纯粹的反军国主义，如奥古斯丁、托马斯·阿奎那、千禧年派等。16世纪的基督教人文主义者和宗教改革支持者延续了中世纪传统，如伊拉斯谟、托马斯·莫尔、加尔文和马丁·路德等。17世纪以降，和平主义文学、国际法学科和人道主义浪潮相继兴起，如蒙田、格劳秀斯和夸美纽斯等。最终，在《威斯特伐利亚和约》中，欧洲被表述为法律地位平等、享有相同主权的国家联合体。

《国际主义》（第二卷）始自1648年，止于1814—1815年间召开的维也纳会议。《威斯特伐利亚和约》签订后，宗教不再是发动战争的理由，国家利益成为对外交往的前提，欧洲均势原则在1713年被写入《乌得勒支和约》。具体来看，霍布斯和斯宾诺莎的"国际无政府"理论、贵格会成员威廉·潘恩的"欧洲合众国"方案、约翰·洛克的宽容理念、笛卡尔的"理性至高无上"说、《鲁滨逊漂流记》《格列夫游记》等文学作品、卢梭的"欧洲共同体"设想、魁奈对重商主义的攻击、大卫·休谟和亚当·斯密对自由贸易的强调等等，都在国际主义的思想史脉络中具有重要意义。富兰克林、潘恩争取北美殖民地解放的斗争，罗伯斯庇尔、孔多塞在法国大革命前后提出的诸多原则，以及莱辛、康德表现出的世界主义意识，也就战争与和平的问题进行了深入讨论。拿破仑战争激发了欧洲其他国家的反抗，德意志民族主义的浪潮影响深远。1814年，德国哲学家克劳斯提出《欧洲国家联盟草案》、法国思想家圣西门出版《欧洲社会的再组织》。 1815 年，维也纳安全体系正式形成，"有组织的和平运动"开始在欧美国家发端。

《国际主义》（第三卷）始自 1815 年，止于第一次世界大战结束。 19 世纪上半叶，国际主义的潮流共有四股：其一，"神圣同盟"以君主制下的大国协同为思想基础，美国总统门罗希望在欧洲争端间保持中立，玻利瓦尔则考虑过拉丁美洲与英国实现联合的可能；其二，"乌托邦式"的激进主义，如英国的威廉·艾伦和法国的傅立叶；其三，自由贸易理念逐步被用于实践，除理查德·科布登，代表人物还有大卫·李嘉图和约翰·密尔；其四，"有组织的和平运动"逐步发展，如来自英美各大和平协会的 324 名代表，于 1843 年在伦敦召开和平会议。1850 年以后，民族主义浪潮虽然日益高涨，但是工人运动的兴起、和平主义文学的发展、各类国际组织的成立（例如，红十字国际委员会、国际电报联盟、万国邮政联盟、国际法研究会、各国议会联盟等等）也扩大了国际主义的影响。 1898 年和 1907 年，两届海牙和平会议召开，但未能真正解决各国争端。 1919 年，伍德罗·威尔逊勾勒的《国际联盟盟约》，则是第一次世界大战后国际主义思想的集中体现。

通过对朗格与奥古斯特·舒合著的三卷本《国际主义史》的爬梳，大致可以了解国际主义的历史脉络和代表人物。 在此过程中，战争合法性是贯穿国际主义理论体系的核心命题，和平主义、国际法、国际组织等为国际主义思想的形成奠定了扎实的基础，而来自人文主义、基督教传统、文艺复兴、启蒙运动等不同时代与流派的政论著作和文学作品都是理解国际主义无法绕过的经典文本。 在某种程度上可以说，朗格是将西方国际主义的理论与实践相结合的代表人物。

1921 年 12 月 10 日，第 21 届诺贝尔和平奖授予卡尔·亚尔马·布兰廷（Karl Hjalmar Branting）和朗格，以表彰"他们对和平事业与有组织的国际主义的终身贡献"。 布兰廷是瑞典"社会主义之父"，为国际联盟的筹建发挥了关键作用；朗格作为国际议会联盟秘书长，主张通过各国议会的合作促进国际和平。 12 月 13 日，朗格应邀在挪威奥斯陆的诺贝尔研究所（Nobel Institute）发表演说，精要概括了自己对国际主义的理解。 在其看来，国际主义是促进人类共同利益的"社会共同体理论"和"对人类团结的信仰"，具有永恒性。①

二、 国际工人协会的分合

1848 年，马克思和恩格斯在《共产党宣言》结尾呼吁："全世界无产者，联合起来！"此前，马克思和恩格斯合写的《布鲁塞尔共产主义通讯委员会给古·阿·克特根的信》（1846 年 6

---

① Christian Lange，"Internationalism"（Nobel Lecture in at the Norwegian Nobel Institute in Oslo，on December 13 1921，translated from the Norwegian text），https://www.nobelprize.org/prizes/peace/1921/lange/lecture/，2022 年 7 月 30 日检索。

月）、恩格斯写作的《英国的商业危机。 宪章运动。 爱尔兰》
（1847 年 10 月）等通信和政论文章，"都包含着要无产阶级的
民主的力量实行国际合作和团结一致的思想"。 而对于法国小
资产阶级活动家的"世界主义"观点，恩格斯则在《路易·勃
朗在第戎宴会上的演说》（1847 年 12 月）一文中予以驳斥。
1847 年底至 1848 年初，马克思和恩格斯提出了一系列关于民
族问题的主张，例如，1847 年 11 月 29 日在伦敦举行的纪念
1830 年波兰起义大会上，恩格斯就在演讲中表示："任何民族
当它还在压迫别的民族时，不能成为自由的民族"，坚决声援
各国的民族解放运动。 因而，《共产党宣言》反映的是"无产
阶级国际主义的基本原则——国际无产阶级团结一致
的思想"。①

　　1864 年，国际工人协会（The Working Men's International
Association）在伦敦成立，时常简称为"国际"，又称"第一国
际"。 马克思在《协会临时章程》中明确表示：第一国际"是
要成为追求共同目标即追求工人阶级的保护、发展和彻底解放
的各国工人团体进行联络和合作的中心"。② 然而，国际工人
协会经历了艰难的发展历程，在积极组织工人运动、捍卫工人
权益的同时，其内部也出现了反对蒲鲁东主义、反对巴枯宁主

① 《马克思恩格斯全集》第 4 卷，北京：人民出版社 1958 年版，"第四卷说明"，
　第 XII - XVI 页。
② *Karl Marx Friedrich Engels Collected Works*，Volume 20，New York：
　International Publisher，1984，p. 15. 中译文参见 ［德］马克思《协会临时章
　程》，《马克思恩格斯全集》第 16 卷，北京：人民出版社 1964 年版，第 16 页。

义的斗争。例如在 1872 年初，马克思和恩格斯用法语写作的《所谓国际内部的分裂》一文，提到了德国工人的"国际梦想"（rêves internationaux），国际工人协会各国支部具有团结一致、统一行动的"国际性"（internationalité）特征，无产阶级拥有"国际情感"（sentiments internationaux）；但文章也指出，在美的德国工人间出现了"国际派"（parti international）与"沙文主义派"（parti chauviniste）的分裂。①

1872 年 5 月，恩格斯在参加总委员会会议讨论时，正式使用大写名词"国际主义"（Internationalism），捍卫爱尔兰支部存在的正当性：

> ……如果属于统治民族的国际会员号召被征服的和继续受压迫的民族忘掉自己的民族性和处境，"抛开民族分歧"（sink national differences）等等，这就不是国际主义（Internationalism），而只不过宣扬向压迫屈服，是企图在国际主义的掩盖下（under the cloak of Internationalism）替征服者的统治辩护，并使这种统治永世长存。……

---

① "Document sur l'Internationale：Les Prétendues Scissions dans l'Internationale", *Le Mouvement socialiste*, tome XXXIV, N°253 – 254 (juillet-août 1913), pp. 26, 35, 43. 有趣的是，除"internationalité"外，该文中译本将其余三处作为形容词的"国际"全部译为"国际主义"。中译文参见［德］马克思、［德］恩格斯《所谓国际内部的分裂：国际工人协会总委员会内部通告》，《马克思恩格斯全集》第 18 卷，北京：人民出版社 1964 年版，第 29、39、47 页。

在像爱尔兰这样的情况下,真正的国际主义(true Internationalism)无疑应当以独立的民族组织(distinctly national organisation)为基础。爱尔兰人也和其他被压迫民族(oppressed nationalities)一样,只有在和统治民族(conquering nation)的代表享有平等权利并反对奴役的情况下才能加入协会。……①

在恩格斯看来,真正的国际主义应当建立在民族独立平等的基础上。马克思在使用"国际主义"表述时持有相同的观念。1875年春,马克思用德文写作的《哥达纲领批判》一文对滑向资产阶级政权的德国工人党进行了批判。他认为,后者主张"各民族的国际的兄弟联合"的"国际主义"(Internationalismus),不过是借自"资产阶级的和平和自由同盟"与"贸易自由派"的观点,忽视了德国工人阶级的"国际职责"(Internationalen Funktionen);②同年3月18—28日,恩格斯在写给德国社会主义者奥古斯特·倍倍尔(August Bebel)的信中也表示,德国工人党已经抛弃了无产阶级的国际原则:

① *Karl Marx Friedrich Engels Collected Works*,Volume 23,New York:International Publisher,1988,p. 155. 中译文参见 [德]恩格斯《关于各爱尔兰支部和不列颠联合会委员会的相互关系》,《马克思恩格斯全集》第18卷,北京:人民出版社1964年版,第87页。
② *Karl Marx Friedrich Engels Werke*,Band 19,Berlin:Dietz Verlag,1987,S. 24-25. 中译文参见 [德]马克思《哥达纲领批判》,《马克思恩格斯全集》第19卷,北京:人民出版社1963年版,第25—26页。

工人运动的国际主义（Internationalismus）究竟还剩下什么东西呢？只剩下渺茫的希望——甚至不是对欧洲工人在今后争取解放的斗争中进行共同合作的希望，不是的，而是对未来的"各民族的国际的兄弟联合"的希望，是对和平同盟中的资产者的"欧洲联邦"的希望！①

晚年的恩格斯延续了这种认识。1882年2月，他致信德国社会民主主义活动家考茨基（Karl Kautsky），重申"无产阶级的国际运动，无论如何只有在独立民族的范围内才有可能"，但1830—1848年间"共和的国际主义"（republican internationalism）使"法国的沙文主义日益加强"，真正的国际合作存在于"平等者"（equals）之间，爱尔兰人和波兰人只有在先成为"国家的民族"（nationalistic）后才能成为"国际的民族"（internationalists）。② 1893年6月，恩格斯致信马克思之女劳拉·拉法格（Laura Lafargue），对法国工人党的"爱国主义"新立场表示认同，"国际联合只能存在于国家（nation）之间，因而这些国家的存在、它们在内部事务上的自主和独立也

---

① *Karl Marx Friedrich Engels Werke*，Band 19，Berlin：Dietz Verlag，1987，S. 4. 中译文参见《恩格斯致奥古斯特·倍倍尔》（1875年3月18—28日），《马克思恩格斯全集》第34卷，北京：人民出版社1972年版，第121页。
② 《恩格斯致卡尔·考茨基》（1882年2月7日），《马克思恩格斯全集》第35卷，北京：人民出版社1971年版，第261—262页。英文版参见 https://www.marxists.org/archive/marx/works/1882/letters/82_02_07.htm，2022年8月21日检索。

就包括在国际主义（internationality）这一概念本身之中。"①

要之，马克思和恩格斯对于国际主义的理解，是在斗争实践中不断形成的坚定信仰。一方面，国际主义是无产阶级所独有的特征；另一方面，国际主义以民族国家的独立平等为前提，但又超越了它的边界，旨在实现无产阶级的国际团结。因此，随着工人运动的不断发展，"国际主义"概念为19世纪末的欧洲社会主义者逐渐使用，成为区分社会主义政党与资产阶级执政当局的重要标识。

三、社会主义国际的行动

在1870年普法战争和1871年巴黎公社的革命浪潮中，法国诗人欧仁·鲍迪埃（Eugène Pottier）创作了《国际歌》的诗稿，号召劳动者团结一致、并肩战斗：

> 这是最后的斗争
> 团结起来到明天
> 英特纳雄耐尔
> 就一定会实现

---

① *Frederick Engels，Paul and Laura Lafargue：Correspondence*，volume 3，1891 - 1895，Moscow：Foreign Languages Publishing House，1960，p. 263. 中译文参见《致劳拉·拉法格》（1893年6月20日），《马克思恩格斯全集》第39卷，北京：人民出版社1974年版，第84页。

　　《国际歌》通行汉译本的"英特纳雄耐尔"，原诗写作"L'Internationale"，特指 1864 年成立的国际工人协会。 鲍迪埃将个人情感和对未来的希冀，全部赋予在这种组织形式之中。 然而，公社斗争的失败和第一国际的分裂，使欧洲工人运动遭遇重大挫折；鲍迪埃本人辗转英美，艰难求生。 直至 1880 年前后，法兰西第三共和国政府宣布对巴黎公社实施大赦，流亡社员陆续回国，法国社会主义运动方才再次起步，呈现不同派别相互竞争的态势。 1887 年，鲍迪埃在临终前把《国际歌》收入自己的最后一部作品集《革命歌曲》，将之付梓。 1888 年 6 月，法国工人党政治家古斯塔夫·德洛里（Gustave Delory）将《革命歌曲》的书稿交给作曲家皮埃尔·狄盖特（Pierre Degeyter），要求他为之谱曲；7 月，在北方工业城市里尔举行的一次报商工人集会上，《国际歌》第一次在公开场合被唱响。

　　法国工人党又称"盖德派"，该党领导人朱尔·盖德（Jules Guesde）是坚定的马克思主义者，保罗·拉法格（Paul Lafargue）则是马克思的女婿。 1889 年 7 月 14 日，各国马克思主义者在巴黎集会，通过《国际劳工立法》和《庆祝"五一节"的决议》等文件。 由此，社会主义国际（Internationale Socialiste）正式成立，又称"第二国际"。 法国工人党在北方地区积极组织活动，《国际歌》也随之流传开来，成为社会主义者标识自我的符号。 1896 年 7 月 21 日—24 日，法国工人党第十四次全国会议在里尔召开，德国民主社会党领袖威廉·李卜克内西（Wilhelm Liebknecht）、奥古斯特·倍倍尔和保罗·桑热（Paul Singer）等人受邀参会。 会议前后，社会主义者遭遇当地反对派的抵制。 前者高唱《国际歌》、扬起红旗，后者演唱《马赛曲》、手持三色旗，双方形成鲜明对峙。

但是，社会主义者没有选择站在民族国家的对立面。 在实践层面，他们是《马赛曲》的继承者和《国际歌》的弘扬者。第二国际成立后，1891 年布鲁塞尔会议唱过《马赛曲》，1896年伦敦会议唱过《工人马赛曲》和《卡马尼奥拉》，直到 1900年巴黎会议法国代表才将《国际歌》介绍给其他与会代表。 在1904 年阿姆斯特丹会议上，根据法国代表提议，统一编排的《国际歌》正式得到社会党国际局承认。 在 1910 年哥本哈根会议上，社会党国际局总书记卡米耶·于斯曼斯（Camille Huysmans）提醒与会代表，经过长廊时要在乐队伴奏下用各种语言演唱《国际歌》；而在会议期间一场合唱活动的尾声，数千人一同高唱《国际歌》。

在理论层面，社会主义者着重强调"爱国主义"与"国际主义"的互补关系。 1893 年 7 月，盖德和拉法格共同起草《工人党全国委员会致法国劳动者书》，其中写道：

不，国际主义既不是祖国的衰落，也不是祖国的牺牲。诸多祖国组成起来，构成了迈向我们所追求的国际主义的人类统一的第一步，也是必不可少的一步，这是所有现代文明产生的、不可避免地代表着一个新的阶段。①

1895 年 3 月，让·饶勒斯(Jean Jaurès)在众议院发表长篇演说，他指出：战争是资本主义国家相互竞争的必然结果，社会主义者斗争的目标是反对资本主义和军国主义，"我们没有忘记祖国受到的严重伤害"；他号召"通过无产阶级的国际联合促进各国人民的国际联合"，与无产阶级一道"成为国际主义者，准备消灭作为战争根源的社会不平等，并准备消灭战争，战争是维持军队的借口"。② 时至 1910 年，饶勒斯在其《新军队》一书第十章"道德与社会动力——军队、祖国和无产者"中，再次详述了爱国主义与国际主义的关系：

> 国际是国家独立的最可靠保证；而只有在独立的国家里，国际才能建立起最强大、最有力的组织。人们几乎可以说：国际主义越少，与祖国就越疏远；国际主义越多，与祖国就越亲近。爱国主义越少，与国际主义就越疏远；爱国主义越多，与国际主义就越亲近。③

---

① "Le conseil national du parti ouvrier aux travailleurs de France," *Patriotisme et Internationalisme*, Lille：Imprimerie ouvrière, G. Delory, 1895, pp. 3 - 7.

② ［法］让·饶勒斯：《资本主义社会"蕴涵着战争，就像乌云蕴涵着暴风雨一样"》(1895 年 3 月 7 日)，李兴耕编：《饶勒斯文选》，北京：人民出版社 2009 年版，第 103、106 页。

③ ［法］沙尔·拉波波尔：《饶勒斯传》，陈祚敏、王鹏译，北京：生活·读书·新知三联书店 1982 年版，第 304—305 页。

以饶勒斯为代表的社会主义国际成员，他们的国际主义思想坚持以祖国和民族的独立为前提，追求实现国际的联合和人类的统一。 然而，在 19 世纪末 20 世纪初，民族主义的浪潮愈加高涨。 1914 年 6 月 28 日，萨拉热窝事件爆发；7 月 28 日，奥匈帝国向塞尔维亚宣战；7 月 31 日，奔走在反战前线的饶勒斯惨遭沙文主义者的暗杀。 第一次世界大战期间，社会主义国际遭到严重破坏，各国无产阶级有待重新整合。

四、 共产国际的呼吁

1900 年，列宁在慕尼黑创办的《火星报》上刊登了《国际歌》法文版的第一、二、六段和叠句。 1902 年，俄国社会民主工党党员柯茨(A. Коц)将之译为俄文。 1913 年，列宁在《真理报》上发表文章，以纪念欧仁·鲍迪埃逝世二十五周年为契机，阐释了《国际歌》的普遍性意义："世界各国的工人相继歌唱自己的先进战士、无产者诗人的这首歌，并且使这首歌成了全世界无产阶级的歌。"①同年，列宁开始使用"无产阶级的国际主义"等说法。

---

① ［俄］列宁：《欧仁·鲍狄埃（为纪念他逝世二十五周年而作）》（载于 1913 年 1 月 3 日《真理报》第 2 号），中共中央马克思恩格斯列宁斯大林著作编译局编译：《列宁全集》（第二版增订本）第 22 卷，北京：人民出版社 2017 年版，第 291—293 页。

1913 年 5 月 10 日，列宁在《真理报》上发表《工人阶级和民族问题》一文，抨击资产阶级"用民族主义的（националистический）口号腐蚀工人"，表示"只有无产阶级在坚持真正的民族自由和各民族工人的统一"，他使用"国际主义文化"（интернациональная культура）的表述：

> 工人正在全世界范围内创造自己的国际主义文化，这种文化早已宣传自由的人们和对压迫进行反抗的人们作了准备。工人正在建设一个各民族劳动者团结一致的新世界，一个不容许有任何特权，不容许有任何人压迫人的现象的世界，来代替充满民族压迫、民族纷争或民族隔绝的旧世界。[①]

列宁认为，无产阶级的国际主义有别于资产阶级的民族主义，旨在打破充满民族压迫和隔阂的旧世界，建立超越民族界限的新世界。 在同年写作的《向拉脱维亚边疆区社会民主党第四次代表大会提出的纲领草案》《民族问题提纲》《都柏林流血事件一星期后》《自由派和民主派对语言问题的态度》《尼孔主教是怎样保护乌克兰人的？》等文章中，列宁都

[①] Ленин В. И. *Полное собрание сочинений*. Т. 23, М.：Политиздат，1973，cc. 149 - 150. 中译文参见 [俄] 列宁《工人阶级和民族问题》(1913 年 5 月 3 日 [16 日])，《列宁全集》(第二版增订版) 第 23 卷，北京：人民出版社 2017 年版，第 139—140 页。

使用了在无产阶级语境下的"国际主义"概念。 1913 年 10
—12 月,列宁在《关于民族问题的批评意见》一文中正式使
用"无产阶级的国际主义"(пролетарский интернационализм)
一词,他表示:

> 资产阶级的民族主义和无产阶级的国际主义——这是
> 两个不可调和的敌对口号,这两个同整个资本主义世界的
> 两大阶级营垒相适应的口号,代表着民族问题上的两种政
> 策(也是两种世界观)。①

此后,列宁使用"国际主义"一词的频率逐渐增高,形成
了完整的无产阶级国际主义理论体系。 第一次世界大战期间,
面对战争在社会主义运动内部引发的危机,旅居瑞士的列宁四
处奔走。 他区隔了"国际主义者"和"社会爱国主义者"的不
同,对"国际主义"概念的滥用加以批判,带领"革命的国际
主义者"与第二国际内的"考茨基主义者"展开激烈斗争,提

---

① Ленин В. И. *Полное собрание сочинений*. Т. 24, М.: Политиздат, 1973,
с. 123. 中译文参见 [俄]列宁《关于民族问题的批评意见》(1913 年 10 —12
月),中共中央马克思恩格斯列宁斯大林著作编译局编译:《列宁全集》(第二
版增订版)第 24 卷, 北京: 人民出版社 2017 年版, 第 128 页。

出被压迫民族自由分离的"民族自决权"原则。① 1917 年 4 月，列宁回到彼得格勒以后，又在《无产阶级在我国革命中的任务》一文中阐述了向社会主义革命过渡的路线，介绍了第二国际内部"社会沙文主义者"、"中派"和"真正的国际主义者"的状况，并提出建立第三国际的主张。列宁表示：

> 真正的国际主义只有一种，就是进行忘我的工作来发展本国的革命运动和革命斗争，支持（用宣传、声援和物质来支持）无一例外的所有国家的同样的斗争、同样的路线，而且只支持这种斗争、这种路线。②

列宁认为，布尔什维克党是无产阶级国际主义的真正代表，他以此为号召，领导十月革命取得胜利。1918 年 10—11 月，列宁完成《无产阶级革命和叛徒考茨基》，其中专有一节讨论"什么是国际主义"的问题，他认为，战争的性质由发动者的阶级决定，"世界无产阶级革命"是"摆脱世界大厮杀惨祸的

---

① 参见［俄］列宁《国际主义者联合的问题》（1915 年 4 月 18 日［5 月 1 日］）、《空泛的国际主义的破产》（1915 年 5 月 8 日［21 日］）、《第二国际的破产》（1915 年 5—6 月）、《社会主义与战争》（1915 年 7—8 月）、《真正的国际主义者：考茨基、阿克雪里罗得、马尔托夫》（1915 年 9 月底）、《机会主义与第二国际的破产》（不早于 1915 年 11 月 13 日［26 日］）、《用国际主义词句掩饰社会沙文主义政策》（1915 年 12 月 8 日［21 日］）、《社会主义革命和民族自决权》（提纲，1916 年 1—2 月）、《关于自觉问题的争论总结》（1916 年 7 月）等论作。
② ［俄］列宁：《无产阶级在我国革命中的任务》（1917 年 4 月 10 日［23 日］），《列宁全集》（第二版增订版）第 29 卷，北京：人民出版社 2017 年版，第 168 页。

唯一出路";布尔什维克的策略是"唯一国际主义的策略",它有助于"发展、援助和激起世界各国的革命"。①

1919年3月共产国际成立后,列宁对无产阶级国际主义的理解与他关于世界革命的论述紧密结合。1920年6月,他在为共产国际第二次代表大会草拟的《民族和殖民地问题提纲初稿》中写道:"无产阶级的国际主义,第一,要求一个国家的无产阶级斗争的利益服从全世界范围的无产阶级斗争的利益;第二,要求正在战胜资产阶级的民族,有能力有决心为推翻国际资本而承担最大的民族牺牲"②,并在会议上指出了"被压迫民族"和"压迫民族"的区别。对于共产国际在1920年10月出版的《东方民族》杂志上提出的"全世界无产者和被压迫民族联合起来!"的口号,列宁还在当年12月6日《俄共(布)莫斯科组织积极分子大会关于上租让问题的报告》中,解释了它是新形势下对《共产党宣言》的发展。③直到1922年12月30—31日,身体每况愈下的列宁还在苏联正式成立之际口述《关于民族或"自治化"问题》,认为理解国际主义是"一个重要的原则问题",压迫民族的国际主义,"应当不仅表现在遵守

① [俄]列宁:《无产阶级革命和叛徒考茨基》(1918年10月9日),《列宁全集》(第二版增订版)第35卷,北京:人民出版社2017年版,第282—295页。
② [俄]列宁:《民族和殖民地问题提纲初稿》(1920年6月5日),《列宁全集》(第二版增订版)第39卷,北京:人民出版社2017年版,第164页。
③ [俄]列宁:《在俄共(布)莫斯科组织积极分子大会关于上租让问题的报告》(1920年12月6日),《列宁全集》(第二版增订版)第40卷,北京:人民出版社2017年版,第73—74页。

形式上的民族平等，而且表现在压迫民族即大民族要处于不平等地位，以抵偿在生活中事实上形成的不平等"，时刻维护"无产阶级团结以及无产阶级阶级斗争的根本利益"。①

　　从思想史的视角而言，国际主义的观念由来已久，凝结了人类从古至今的智慧结晶。法国大革命以降，国际主义的概念开始显现，逐渐被用于现代世界的政治实践。朗格等人重视民族国家之间和平相处、强调外交谈判与国际合作的重要意义；马克思、恩格斯、列宁等人呼吁无产阶级通过斗争的方式，冲破压迫者的束缚，超越一国的界限，实现全人类的团结。至于国际联盟、第一国际、第二国际、第三国际等组织，则在实践中探索了国际主义的不同道路。

---

① ［俄］列宁：《关于民族或"自治化"问题》（1922 年 12 月 30 日），《列宁全集》（第二版增订版）第 43 卷，北京：人民出版社 2017 年版，第 351—353 页。

第三章

巴黎

国际主义思潮在近代中国的肇兴，始于五四运动前后。1919 年 3 月 7 日，《申报》《民国日报》《时事新报》《平和日刊》等报刊同时刊登了一则来自路透社华盛顿的消息，报道了美国国内反对国际联盟的声音："美国此后将因同盟而被牵入一切外国争端，美国之国家主义，将一变而为国际主义，是徒利于欧洲耳"。[①] 这里的"国际主义"，是指时任美国总统威尔逊（Woodrow Wilson）的主张，他于 1918 年 1 月 8 日发表"十四点和平原则"，旨在结束世界大战，实现"公正而持久的和平"。 1919 年 1 月 18 日巴黎和会开幕后，威尔逊为建立国际联盟多方奔走；4 月 28 日，《国际联盟盟约》获得通过，并于次年 1 月 10 日正式生效。

[①] 《各国近事杂电》，《申报》1919 年 3 月 7 日，第 3 版；《美共和党反对国际同盟意见》，《民国日报》1919 年 3 月 7 日，第 1 张第 2 版；《美人对于同盟之议论》，《时事新报》1919 年 3 月 7 日，第 1 张第 2 版；《国际同盟之前途》，《平和日刊》1919 年 3 月 7 日，第 3 版。

不过在此时的中文语境中，对于"国际主义"的理解不止一种。例如，1919 年 2—5 月间，《晨报》连载了从日文转译的《地底的俄罗斯》，该文详细陈述了青年在俄国革命中的责任，将巴枯宁称作"'无政府的联合的国际主义'的建设者"。[①] 再如，1919 年 6 月初，《时事新报》转译了日本法学博士吉野作造介绍苏俄"过激思想"的文章，其中指出："过激派之主张，其第三之特色，所谓国际主义也"。[②] 前一种"国际主义"，属于新文化运动期间成为一时之热的无政府主义思潮；后一种"国际主义"，则是十月革命后对苏俄政治思想的高度凝练。以上关于"国际主义"的三重理解，看似直接来自美国、日本、苏俄等不同渠道，但实则均有其重要渊源——法国。

一、 巴黎和会的反响

第一次世界大战的结束，促使中国人开始从国际法的视角审视国际主义概念。关于战后国际格局与中国国际地位的相关问题，中国外交家与知识分子展开了积极活动和认真思考。特别是在法华人亲历巴黎和会的切身体验，加深了他们对于国际主义的理解。

[①] 可叔译述：《地底的俄罗斯》（九），《晨报》1919 年 3 月 8 日，第 7 版。
[②] 微：《对付过激思想之策》（续），《时事新报》1919 年 6 月 4 日，第 1 版。 关于此时吉野作造与李大钊等人的互动，参见孙江《五四时期中日知识界的往还》，《中国社会科学》2021 年第 8 期，第 166—184 页。

　　巴黎和会期间，中国代表团为捍卫国家主权和利益进行了艰苦斗争，对实现和平外交与国际联盟的前景也一度抱以希望。会议开幕前夕，代表团团长陆徵祥在致外交部的电文中声明，要"贯彻我主张国际平等之原则"，特别是通过力争代表团人数，主张贯彻"国际平等之原则"和享受"国际平等之待遇"。4月15日，代表团提出《废除一九一五年中日协定说贴》，其中援引致日方牒文时，有"吾人竭吾全力，从友谊上解决贵我两国间所发生之种种争端，并极希望贵政府抱有保障远东和平，维持国际信义之友善之主义也"的表述。5月初，代表团向和会正式递交《中国之希望条件》，详细阐明了中方的七项要求，并在结论中强调："中国政府提出说帖于平和会议，非不知此类问题并不应此次世界战争而发生。然平和会议之目的，固不仅与敌国订立和约而已，亦将建设新世界，而以公道、平等、尊敬主权为基础。征以万国联合会约法，而益见其然。"但是，中国希望参与构建国际新秩序的努力屡遭碰壁，代表团最终于6月28日拒绝在《凡尔赛和约》上签字。7月9日，代表团成员施肇基向外交部介绍了国际社会对中国拒签和约的反应，他指出："国际联合之目的，系为消除国际上猜嫌疑忌起见"，"如有因解释条约而起国际争论情事，必须提出国际联合会议讨论解决"。① 不难发现，中国代表团虽未直接使用

---

① 王建朗主编：《中华民国时期外交文献汇编（1911—1949）》第2卷上册，北京：中华书局2015年版，第38—39、42、63、229页。

"国际主义"的概念，但其实践符合威尔逊式国际主义的理念。 1920 年 6 月 29 日，中国政府派王正廷、顾维钧等为委员，正式参加国际联盟。

当时，与中国代表团同在巴黎的政界人士，还有以梁启超为首的研究系访欧考察团，随员包括张君劢、蒋方震、刘崇杰、丁文江等人。 考察团于 1918 年 12 月 28 日从上海启程，次年 2 月 18 日抵达巴黎。 旅途中，梁启超特意撰文，表达了对巴黎和会保障"中国民族之自由发展"与"世界永久平和之局"的希望。① 在法期间，考察团成员对和会进程与国际联盟感触良多。 5 月 1 日，张君劢向"新学会"刊物《解放与改造》杂志投稿，详细评述了威尔逊在巴黎和会上的得失，他认为，国际联盟未能改变"大国操纵世界之局，而人类大同之精神，不可得而见"的现状，但对"挺身而出"和"毅然与根深蒂固之国家利己主义奋斗"的威尔逊予以极大肯定。② 10—12月，目睹剧变的梁启超完成了《欧游心影录》的创作，他表示：战争中对于"永远平和的理想"，战后仍然"遥遥无期"；和会前对国际联盟抱有的"无限希望"，"后来经过和会上几个月的蜕变，几乎割裂地不成片段"。 但是，梁启超看到了国际联盟反映出"国家互助的精神已是日见发达"，认识到"建设世

① 梁启超：《世界和平与中国》，《晨报》1919 年 6 月 10—17 日连载。 参见汤志钧、汤任泽编《梁启超全集》第十集，北京：中国人民大学出版社 2018 年版，第 38—45 页。
② 君迈：《平和会议中威尔逊之成功与失败》，《解放与改造》第 1 卷第 1—2 合册，1919 年 9 月，第 129—144 页。

界主义的国家"的可能，强调了这种"全人类大团体"的理想在中国古已有之，并表明自己的态度："我们中国人一年以前，期望国际联盟，未免太奢了；到了如今对于他的失望，又未免太甚了"。①

1920 年初，梁启超归国后与研究系同仁筹建"共学社"，组织翻译出版活动，其中对"国际主义"做出详细论述的是学者吴品今。 1919 年底，吴品今在《解放与改造》杂志上发文，谈及当下的"国际主义"与 1815 年神圣同盟标榜的"同胞及友爱"（Fraternity and Affection）观念大相径庭：前者具有世界主义的意味，而后者"仅归宿于三国人民"；他还指出，国际主义有"调和"与"极端"之别——前者"在认国家享有国际法上之自由平等"，后者"必致撤废一切国境的限制"。② 1920—1921 年间，吴品今在研究系的不同刊物上发表了多篇文章，表达了自己关于国际主义和国际联盟的看法。 一方面，他对国际主义的心态存在细微差别，他在 1920 年曾指出，"世界各国国民，大都知爱国，而缺乏'国际心'（International mind）。 有国际心之国民，平等的爱世界上一切之人类"；③希望中国人

---

① 梁启超：《欧游心影录》，汤志钧、汤任泽编：《梁启超全集》第十集，第 57—58、69—71、155、174 页。
② 品今：《随感录》，《解放与改造》第 1 卷第 7 号，1919 年 12 月 1 日，第 59—65 页。
③ 品今：《论国际团体与国际心》，《时事新报》1920 年 2 月 3 日，第 7 版。

"创造世界精神（Weit Geist）与国际心（International mind）"。① 但在 1921 年，他明确表示对"国家主义"（Nationalistatsprincip）的反对和对"国际主义"（Internationalismus）的不信任，进而主张提倡"世界精神"。② 另一方面，他对国际联盟的价值予以基本肯定，"国际联盟主义，本来是很好；若是把实现底国际联盟，当做国际联盟主义，以为他既无用，便不可要，这真是错看了"③；同时强调国家独立是谈论"大同主义"的前提④。 1922 年，吴品今的专著《国际联盟及其趋势》出版，梁启超在落款为"1920 年 12 月 31 日"的序言中表示，国际联盟虽然无法"解决今日之时局"，但他预言"二十世纪下半期之世界，国际联盟之世界也"，国际联盟是"全人类最高团体之业"。 书中，吴品今设专节讨论了"国家主义与国际主义"的问题，他认为，国际主义亦可称作"一视同仁主义"（Cosmopolitanism），"于此主义中：凡国家自由平等，民族自决，人种无差别等，均包含之"。他指出，现在的世界格局，已经打破了"极端的国家主义"，变换为以威尔逊和国际联盟思想、强调国家间协调的"国际的国家主义"，而"未来之局"终将趋向主张"撤废一切国境的限

---

① 吴品今：《欧游通信：外交与环境》，《时事新报》1920 年 10 月 17 日，第 1 张第 2 版。
② 吴品今：《国际现状破坏论》，《改造》第 4 卷第 1 号，1921 年，第 1 页。
③ 吴品今：《国际现状破坏论》，第 6 页。
④ 吴品今：《呜呼交外主义之外交》，《晨报》1921 年 10 月 23 日，第 6 版。

制"的"极端的国际主义"。 他还特别谈到需要让世界潮流顺应中国人固有的"大同思想"。①

　　相较于研究系同仁尝试勾连国际主义与中国传统思想之间的联系，在法留学的青年学生直接受教于近代国际法学科的知识。 1919 年在上海出版的《太平洋》杂志第 2 卷第 1 号刊登的《万国同盟之三大意义》一文，揭示了国际联盟成立的原因在于"历史之进化，政局之要求，思潮之趋势"的共同作用。 其中，"历史之进化"指 1648 年《威斯特伐利亚和约》签订以来"国际立法机关"的发展，"政局之要求"与 1870 年普法战争以来欧洲大陆"均势主义"的诉求相关，"思潮之趋势"则是对 19 世纪中叶"个性独立自由竞争主义之全盛时代"的"反动"。 受此影响，"群性共济之思想，渐次弥漫欧洲"，并在实践中呈现出两种形式："发于内而定一国社会之组织"的是"共同主义"（Collectivism），"发于外而为国际关系原则"则是"国际主义"（Internationalism）。 在该文中，作者还提出，"万国同盟，即国际主义之化身也"，他援引"俄滨罕"的观点："国际主义者，世人之一种确信：信文明国家，虽因民族各具不同因素，彼此分立，而实通全世界构成一个社会也；信一切国家民族之利害关系，互助固结，因而国际社会，不可不设立国际机关，以保障一较往昔普及而持久之平和也"，进而指出国际

————————

① 吴品今：《国际联盟及其趋势》，上海：商务印书馆 1925 年四版，第 68—69、73—75、142—148 页。

主义是"不但为帝国主义之正反对，抑且为民族主义之缓和剂"，并对国际联盟寄予厚望，"万国同盟之组织，亦正以徵斯主义之实现耳"。[①] 文中提到的"俄滨罕"即被誉为"现代国际法之父"的拉萨·奥本海（Lassa Oppenheim），援引的著作是奥本海在 1919 年最新出版的《国际联盟》一书。 此外，《太平洋》杂志同期刊登的《巴黎和约与美总统十四条》一文，不仅收录了"十四点宣言"的全文和"万国同盟约法"的部分内容，而且直言对国际联盟的期待，"威尔逊提倡之正义平和、世界共济主义，则代表时代进步思潮，滔滔不可遏抑，战胜保守帝国主义之日，当不远也"。[②]

事实上，上述两篇文章出自一人之手，即 1919 年春由爱丁堡大学转赴巴黎大学攻读法学博士学位的周鲠生。[③] 1919 年底，《太平洋》杂志出版"万国联盟号"，周鲠生组织诸位旅欧友人分享了对于国际联盟的观点。 周鲠生追溯从 14 世纪开始的国际联盟的思想谱系，比较了"前代联盟思想"与"欧战以来联盟运动"之异同，并希望"有心世界永久平和之士"对强

---

① 鲠生：《万国同盟之三大意义》，《太平洋》第 2 卷第 1 号，1919 年，第 1—6 页。

② 松子：《巴黎和约与美总统十四条》，《太平洋》第 2 卷第 1 号，1919 年，第 1—9 页。

③ 参见郑大华、王敏《欧战后中国知识界对建立国际联盟的思考——以〈太平洋〉杂志为中心的考察》，《安徽大学学报（哲学社会科学版）》2012 年第 1 期，第 108—119 页；陈友良《民初留英学人的思想世界——从〈甲寅〉到〈太平洋〉的政论研究》，北京：社会科学文献出版社 2013 年版。 陈友良对五四前后的留英知识分子进行了详细论述和精密考证，但其与法国的联系仍是一个值得深入探索的领域。

制仲裁原则在联盟中的运用多加留意。① 同在巴黎大学读博的王世杰对《国联盟约》26 条文本逐一评述，指出该组织有助于"增进国际互助"和"保障国际平和与安全"。② 结束旅欧行程的北京大学教授陶孟和在归国途中承认，国际联盟是"使世界废战争用公理裁判曲直的唯一方法"，并对其提出了诸多期待和建议。 以私人身份赴法考察的汪精卫难掩对巴黎和会的失望，因而"更不得不属望于万国联盟"。 高一涵试图打消时人对国际联盟可能侵犯主权的疑虑。 此外，皮宗石、杨端六、任凯南、彭一湖等留英学生不仅在思想层面讨论了国际联盟与经济、劳动、农工商业和社会主义之间的关系，而且密切关注和会进程，甚至跨越海峡加入旅法华人组织的相关活动之中。③

巴黎和会期间，留法学生与华工、华侨成立"中国国际和平促进会"，积极捍卫国家利益，直接阻挠了中国代表团在对德和约上签字。④ 不过，该团体的影响逐渐式微，1921 年 4 月 6 日的《晨报》这样报道："这个会是因山东问题发生以后而组

---

① 参见鲣生《万国联盟问题之历史的观察》，《太平洋》第 2 卷第 2 号，1919 年 12 月 5 日，第 1—15 页；鲣生《万国联盟与强制仲裁》，《太平洋》第 2 卷第 2 号，1919 年 12 月 5 日，第 1—9 页。

② 参见雪艇《万国联盟约法评注》，《太平洋》第 2 卷第 2 号，1919 年 12 月 5 日，第 1—32 页。

③ 参见易祖洛、刘吉元《皮宗石传略》，中国人民政治协商会议长沙县委员会文史资料研究委员会编：《长沙县文史资料》第 4 辑（内部发行），1987 年，第 95 页。

④ 李宗侗：《巴黎中国留学生及工人反对对德和约签字的经过》，《传记文学》第 6 卷第 6 期，转引自陈占彪编《五四事件回忆：稀见资料》，北京：生活·读书·新知三联书店 2014 年版，第 57—60 页。

织的，强迫陆徵祥不出席不签字，该会有殊功，现在会中并没有什么大事来作，不过在国际联盟开会的时候，做彼时的一个舆论机关罢了"。① 巴黎和会给国际联盟的前景蒙上了阴影，也使有关国际主义的讨论出现了新的趋向。

二、 无政府主义的浪潮

五四运动前后，无政府主义风靡一时，与国际主义思潮产生联系。 一批信仰无政府主义的知识分子通过组织工读互助团、积极宣传世界语等方式，深化了对国际主义的理解。 年轻的毛泽东就曾受此影响。 1919 年 7 月，他在《湘江评论》上发表文章，指出民众实现"大联合"的方法有二：一派是德国马克思相对"激烈"的学说，另一派是俄国克鲁泡特金较为"温和"的理念，"他们要联合地球做一国，联合人类做一家"。②

1920 年 3 月 7 日，《北京大学学生周刊》刊登了署名"列悲"的关于"寰球世界语会"的介绍文字，其中写道："由各国政府所组织的"国际联盟"一旦为利害冲突，就要战争起来"，它与国际公法"都是靠不住的"，"我们要有真正的和平实现，当先要全球人类组成一大同盟，欲达这个目的，非有一种公用

---

① V 女士：《华人在法经营之各种组织》（续），《晨报》1921 年 4 月 6 日，第 6 版。
② 泽东：《民众的大联合》，《湘江评论》第 2 号，1919 年 7 月 21 日，第 1 版。

的语言，以为交通工具不可"。① 5 月 1 日国际劳动节当天，在该刊出版的"劳工神圣"专号上，"列悲"发表多篇文章，不仅阐释了劳动运动的产生原因、目的及实现手段，发出了"劳动诸同胞呵！ 快快联合呀！"的号召；而且翻译了著名法国左翼作家亨利·巴比塞（Henri Barbusse）在巴黎《人道报》上发表的宣言，呼吁各国人民不要协助本国政府干涉苏俄，"维持人类之真理，即维持俄国之真理"；此外，他还在《世界语与工党》一文中写道："万国的工人一致联合"是"社会革命的金科玉律"，为了消除语言和情感上的障碍，"必要有一种人类共通的语言"，号召"我们世界工人呵！ 如欲想永久和平的幸福，快快习世界语而谋全球工人的大联合，以促社会革命之进行"。② "劳动诸同胞呵！ 快快联合呀！""万国的工人一致联合"等表述高度贴合马克思和恩格斯在《共产党宣言》中发出的"全世界无产者，联合起来！"的号召，是对国际主义精神的高度概括。 10 月 10 日—12 月 5 日，在广东发行的《劳动者》杂志刊登了"列悲"翻译的《劳动歌》，呼吁"最后的奋斗！快联合，将来之世界只有人类全体！"③据考证，这是《国际歌》最早的中译本之一，"列悲"则是当时著名的无政府主义者

① 列悲：《介绍寰球世界语会》，《北京大学学生周刊》第 10 号，1920 年 3 月 7 日，第 11—12 版。
② 列悲：《彻底的劳动运动》，《反抗侵犯俄罗斯劳工国宣言》，《世界语与工党》，《北京大学学生周刊》第 14 号，1920 年 5 月 1 日，第 4—5 版。
③ 沙东迅编：《劳动者》，广州：广东人民出版社 1984 年版，第 28—29、59、74—75、94 页。

区声白。①

大约同一时期，《国际歌》的另一个中译本刊登在法国出版的中文刊物《华工旬刊》上。译者"张逃狱"表示，"国际歌六章，通行劳动界已久，措词壮而用意深"。② 留法勤工俭学运动的主倡者李石曾、张静江、吴稚晖等人1907—1909年间在巴黎创办的《新世纪报》（刊名"Le Tempoj novaj"系世界语），成为近代中国接触无政府主义的重要平台之一。李石曾在1909年翻译的克鲁泡特金《狱中与逃狱》一书很有可能就是"张逃狱"笔名的来源。"新世纪派"群体具有朴素的国际主义思想。1912年，他们创办勤工俭学会、世界社等组织，主张"传播人类正道；绍介真理之科学"。1916年，华法教育会在巴黎正式成立，法方会长欧乐在致辞中表示："盖当此伟大变化（世界革命）之时，是二民族，诚不可不知互解而互助也"。中方会长蔡元培亦曾在早先发起会的演说中对欧乐的"人道主义"思想予以称赞："法人之理想，不问其为一人，为一民族，凡弱者亦有发展之权力，与强者同。而且无论其为各人、为各民族，在生存期间，均有互助之义务"。③ 对此，《新青年》杂志于1917年曾有报道："诸先生所以有此教育运动者，实欲将

---

① 参见邹国义《〈国际歌〉最早的译者"列悲"考释》，汤勤福主编：《历史文献整理研究与史学方法论》，合肥：黄山书社2008年版，第119—159页。

② 《劳动国际歌》，张逃狱译词，《华工旬刊》第5号，1920年11月25日，第4版；《华工旬刊》第6号，1920年12月5日，第3—4版。

③ 《旅欧教育运动》，华法教育会鉴定、世界社编辑、法国都尔中华印字局刷印、旅欧杂志社发行，1916年秋初版，第100、107、111页。

欧洲近世文明之'科学真理'、'人道主义'二大要素输入本国，冀国人赴欧求学工作者日多，庶智识猛进，科学发达，弘兼爱之仁心，明大同之正义，得为二十世纪之新人物"。①

　　1919—1920 年间，留法勤工俭学运动渐趋高潮，一批批有志青年陆续前往法国。 在动身前或旅途中，很多青年受到无政府主义和工读主义等思潮的影响，"打破国界的限制"构成了他们理解国际主义观念的核心要素。 1919 年底，赵世炎等人组织北京高等法文专修馆四川同乡会，并在其主编的《工读》半月刊开设"巴黎通信"专栏，介绍留法勤工俭学的相关情况，即使团体解散后，赵世炎依旧坚信："工读的团体还是存在"，"并且求工读的朋友处处皆是，我们底理想不知国界，何敢再说省界。"②1920 年初，在上海成立赴法学生联合会的湖南籍新民学会会员萧子璋在行前表示："'国'这样东西我不愿说，我只说巴黎、里昂、伦敦、纽约、北京、上海……都是一些地方，都是地球上的一部分。 我们是人类，是在地球上的人类"；"几种东西成为一种新的东西，几种文明也可成为一种新的文明。 比如美国色彩、英国色彩、法国色彩，将他化合，另

---

① 《书报介绍: 旅欧教育运动》，《新青年》第 3 卷第 3 号，1917 年 5 月 1 日，第 2 页。
② 世炎:《本会常会》，《工读》第 5 期，1920 年 2 月 16 日，转引自张允侯等编《留法勤工俭学运动》(一)，上海: 上海人民出版社 1980 年版，第 339—340 页。

成一种新的色彩、新的文明，岂不很好？"①同样来自湖南的周崇高亦在前往马赛的途中，感叹战争的残酷性："国界种界不除，终未能望和平幸福也。观此，则吾国人所妄想之和平，当可受一当头棒矣。"②来自贵州的熊志南在途经英国抵达法国后，也对两国民众的"博爱"气质表示赞赏："甚望我东方老大国民，快快取人的长处，补足自己的短处，造成博爱的真确好习惯。再慢慢儿养成天性，自由、平等，自然相延而来；也弄出一种文明大国民的好风范，令人称羡，令人仿效，那么，一个感化一个，所谓'世界大同'主义，自然随心理作用而天然的实现了。"③

留法勤工俭学生大多深受克鲁泡特金的人类互助论、邵可侣的"革命即进化"、无政府工团主义等思潮的影响，积极践行工读主义的理念。④新民学会会员罗章龙曾直言在世界范围内开展工读运动的必要性："我们要精博的学问，谋东西民族的协和，非此不可。我们要使人类向上的发展，必先使世界工读

---

① 子暲：《我的留法勤工俭学观》，《时事新报》1920 年 4 月 21 日，第 4 张第 2 版。
② 周崇高：《旅法杂记》，转引自张允侯等编《留法勤工俭学运动》（一），上海：上海人民出版社 1980 年版，第 554—555 页。
③ 熊志南：《欧行日记》（续），《学生》第 7 卷第 7 号，1920 年 7 月 5 日，第 124—125 页。
④ 参见鲜于浩《留法勤工俭学运动史》，北京：人民出版社 2016 年版。另，上节引用的李宗侗系李石曾之侄、李鸿藻之孙，但他与周鲠生、王世杰等人的来法渠道均非留法勤工俭学运动。

化，扩广这主义即所以吐工读的光华。"①在法国出版的各类中文刊物上，留下了他们关于国际主义的诸多思考。1920年初，湘籍留法学生成立勤工俭学励进会，会员李维汉在《华工杂志》上撰文表示："我们理想的要求，是要解除一切不平等，成为没有阶级的社会。不仅要组织世界经济，更要创造世界教育——教育革命。我们深信未来世界为人人做工、人人读书的世界"，他希望借鉴法俄革命经验，具体做到"通力合作""学术昌盛""世界文字语言统一""打破旧习惯，打破人为律"等要求。②1920年底，李维汉又在该刊上详细阐述了工人互助的思想："互助是无种界、无国界，一视同仁"；"真正互助的目标，常在最大多数的最大幸福，不惜小己或小群的牺牲"。③作为华法教育会机关刊物的《旅欧周刊》，刊登了大量关于无政府主义理论的书讯和华林等无政府主义者的文章，在国内推行工读互助团遇阻后来到法国的王光祈发文指出："我们主张世界运动，当然没有国界的成见"；"凡主张劳动主义的，虽是异族他种，亦是我们的好友；凡主张资本主义的，虽是至

① 罗章龙：《世界工读运动的讨论》，《时事新报》1920年4月4日，第4张第1—2版。
② V. H. L.：《勤工俭学研究发端》，《华工杂志》第44期，1920年3月25日，转引自张允侯等编《留法勤工俭学运动》（二），上海：上海人民出版社1986年版，第526、529—530页。
③ V. H. L.：《工人互助浅说》，《华工杂志》第49期，1920年12月25日，转引自张允侯等编《留法勤工俭学运动》（二），第393页。

亲好友，亦是我们的仇敌"。[1] 而抵法后与赵世炎、李立三、
刘伯坚等人接近的熊自难（即熊志南），也在旅法华工会主办
的《华工旬刊》上发表诗作："几回罢工，几回怠工！ 不为着
精神上的欲望、身体上的供给、人道正义的'大同'，谁愿罢
工？ 谁愿怠工？ 拓尔斯泰与'泛劳动'、巴枯宁与'犹拉
会'、烈宁与'俄罗斯劳工国'、'万国劳动民协会'、'万国劳
动者协会'，都是我们的魂灵演弄，增进我们的主动。"[2]在这
首作工期间完成的诗歌中，无政府主义者托尔斯泰、巴枯宁及
其汝拉联合会，共产主义者列宁和第一国际、第三国际，都成
为作者对"大同"世界的具体寄托。

在对国际主义的认识从模糊走向清晰的过程中，留法学生
团体的内部讨论及其与国内的通信发挥了重要作用。 勤工俭学
励进会以"励进勤工俭学，谋人生正当之生活，促人类真实之
改造"为宗旨，"勤工俭学与世界——人类之根本改造"是其研
究对象之一。[3] 1920 年 7 月，留法新民学会会员在蒙达尼开
会，将"改造中国与世界"确认为学会新宗旨，筹组工学世界
社。 会后，萧子升与蔡和森分别致信毛泽东，陈述了自己的观
点：前者倾向于较为缓和的"无政府——无强权——蒲鲁东式

---

① 王光祈：《留学界两大潮流》，《旅欧周刊》第 56 号，1920 年 12 月 4 日，转引自
   张允侯等编《留法勤工俭学运动》（二），上海：上海人民出版社 1986 年版，第
   665 页。
② 自难：《一个劳工的歌咏》，《华工旬刊》第 12 号，1921 年 2 月 5 日，第 2—
   4 版。
③ 《旅法勤工俭学励进会章程》，《时事新报》1920 年 3 月 15 日，第 4 张第 2 版。

之新式革命"；后者详细介绍了自己的翻译计划，主张马克思主义和俄式革命的观点。蔡和森表达了自己将拟一份注重"无产阶级专政"和"国际"色彩的倡议书，联络会友筹建共产党的想法，并在结尾重申："无产阶级专政"以及"万国一致的阶级色彩，不能带爱国的色彩"是运动中"不可游移"的核心认识。毛泽东在12月1日的回信中赞成了蔡和森的观点，他指出：多数会友都倾向于摒弃一国私利、追求人类全体幸福的世界主义，"这种世界主义，就是四海同胞主义，就是愿意自己好也愿意别人好的主义，也就是所谓社会主义。凡是社会主义，都是国际的，都是不应该带有爱国的色彩的。"①9月16日，蔡和森再次致信毛泽东，介绍了俄国革命和国际共产主义运动的现状。他指出，俄国革命是世界革命运动的转折点，标志着"无产阶级获得政权来改造社会"的新方向。毛泽东在次年1月21日的回信中表示："我现在不承认无政府的原理"；"你这封信见地极当，我没有一个字不赞成。"②这些在中法两国之间传递的信件表明，毛泽东等进步青年对国际主义的认识，已经实现了马克思主义的转向。

---

① 《萧旭东给毛泽东》(1920年7—8月)，《蔡林彬给毛泽东》(1920年8月13日)，《毛泽东给萧旭东萧[蔡]林彬并在法诸友》(1920年12月1日)，中国革命博物馆、湖南省博物馆编：《新民学会资料》，北京：人民出版社1980年版，第128—133、137、146页。
② 《蔡林彬给毛泽东》(1920年9月16日)，《毛泽东给蔡和森》(1921年1月21日)，中国革命博物馆、湖南省博物馆编：《新民学会资料》，第153—163页。

三、 共产主义的理想

"十月革命一声炮响，给我们送来了马克思主义"。 国际主义承载了共产主义的理想，推动了马克思主义在中国的传播。

中国共产党成立后，党在理论和实践层面始终坚持无产阶级国际主义的理念。 在与区声白的辩论中，陈独秀对现时国际法的效力表示怀疑，而对"近来主张建设统一世界的大国家"，从而"好渐渐消灭国界，消灭国际战争"的理想表示认可。① 毛泽东在号召劳工团结的文章中表示，"劳动组合的目的，不仅在团结劳动者以罢工的手段取得优益的工资和缩短工作时间，尤在养成阶级的自觉，以全阶级的大同团结，谋全阶级的根本利益"；发出了"全世界都是劳动者的！ 全世界劳动者团结起来！"的号召。② 李大钊强调了"无产阶级的国际组织"的必要性，特别指出"第三国际大会"继承了"第一国际大会"，它具有的"世界革命（World Revolution）的精神，比较的还算进步一点"。③ 中国共产党人以阶级分析的视角，批判资产阶级和无政府主义者对国际主义的错误理解，强调无产阶级的国际团结是马克思主义的根本立场。

---

① 参见陈独秀《和区声白讨论无政府主义》，《新青年》第 9 卷第 4 号，1921 年 8 月 1 日，第 1—32 页。
② 毛泽东：《所希望于劳工会的》（1921 年 11 月 21 日），中共中央文献研究室编：《毛泽东文集》第 1 卷，北京：人民出版社 1993 年版，第 6—7 页。
③ 李大钊：《马克思的经济学说》，《晨报》1922 年 2 月 23 日，第 3 版。

在同一时期的留法勤工俭学学生中，无政府主义的影响日渐式微，不少进步青年对国际主义的认识发生转向，加之战后严峻的经济形势，留法勤工俭学运动也呈现新的趋势。1921年2月，赵世炎等人在巴黎成立劳动学会，明确了组织工人革命的主张，未及弱冠的他写作《远望莫斯科》一诗："听呵！列宁在演讲，人民群众在拍掌，国际歌响震云霄，欢呼口号声若狂"，表达了对苏俄的向往和对共产主义的热爱。[①] 同月，张申府、刘清扬、周恩来组织的旅法中国共产党早期组织成立。2月28日，蔡和森等人发起的争取"面包权、读书权、劳动权"的运动失败，但赵世炎和蔡和森分别领导的学生团体抛弃前嫌，在反对中法实业借款和进占里昂中法大学等活动中实现团结。[②] 斗争失败后，周恩来在长篇通讯《勤工俭学生在法之最后运命》中写道："途穷了，终须改换方向；势单了，力薄了，更须联合起来。马克思同昂格斯合声嚷道：'世界的工人们，联合起来啊！'他们如今也觉悟了，'全体勤工俭学的同志们，赶快团结起来啊！'"[③]尽管蔡和森等104名勤工俭学生被

---

① 中共中央党史研究室科研管理部编：《赵世炎文集》，北京：人民出版社2013年版，第635页。

② 参见陈少卿《留法勤工俭学群体接受马克思主义过程再探讨》，《中共党史研究》2018年第7期，第37—47页；贾凯《中共留法勤工俭学群体若干问题再探讨——与〈留法勤工俭学群体接受马克思主义过程再探讨〉一文商榷》，《中共党史研究》2019年第8期，第116—122页；张艳国、吴荣杰《赵世炎入党暨旅法共产主义小组成立时间再探讨》，《党史研究与教学》2022年第6期，第79—89页。

③ 恩来：《旅欧通信（续）：勤工俭学生在法之最后运命》，《益世报》（天津）1921年12月23日，第6版。

驱逐回国，但周恩来、赵世炎等人仍然在艰苦条件下积极活动，并成功吸引了曾经信仰无政府主义的陈延年等人。 1922年6月22日，旅欧中国少年共产党在巴黎成立，并于8月创办机关刊物《少年》。

中共旅法党团组织坚持无产阶级国际主义的立场，与旅法无政府主义者展开辩论。 1922年9月，周恩来在《少年》第2号发表《共产主义与中国》和《宗教精神与共产主义》两篇文章：前文从中国的经济现状出发，对资本家和无政府主义者加以批评，进而指出"我们联合的乃是无产者，所以全世界的共产革命乃是最后一着"；①后文回应了区声白等无政府主义者在《无所谓宗教》一书中的不实指控，认为共产主义可以"铲除痛苦的根源"，"而得到未来真正自由发展的协同社会"。② 12月，《少年》第5号出版"俄罗斯革命五周年纪念"专刊，周恩来撰文指出：十月革命"为全世界的无产阶级奠定了革命始基"，与其他革命相比，它的特殊性在于"全般的社会革命，而非仅限于一国一种一阶级的革命"。 周恩来还客观论证了国家在世界革命中的位置："无产阶级革命起首，本含有阶级斗争重

① 伍豪：《共产主义与中国——从经济现状上立论》，《少年》第2号，1922年9月1日，第46—51页。

② 伍豪：《宗教精神与共产主义》，《少年》第2号，1922年9月1日，第73—78页。 1921年10月，区声白以"官费生"身份进入里昂中法大学，与其他无政府主义者组织"工余社"，创办《工余》（La Liboro，世界语）杂志。 参见邬国义《旅欧期间周恩来批判的"三泊"是谁？ ——兼论周早期与无政府主义的关系》，《史林》2008年第1期，第63—87页。

大意义，且因其发动于一种民族，故国力的运用，也正不可缺少，但他的革命进程，却决不以此自封，且不得以自封。 共产社会完全实现时，人人都是无产者，还有什么阶级界限可说？世界革命完成时，全世界的无产者都联合起来，他们还要什么国和政府？"[1]不同于主张彻底抛弃国家的无政府主义者，共产主义者在追求世界革命的过程中，承认国家的价值和意义。1923 年 3 月，赵世炎撰写的《一个无政府党和一个共产党的谈话》一文开始在《少年》连载，他通过援引《工余》杂志第 5—17 期的诸多谬误，系统回应了双方在阶级斗争、国家、政治运动和共产党的作用等问题上的分歧。 赵世炎认为，双方虽然都承认阶级斗争和世界革命，但无政府主义者"逢着国家就要反对"，通过援引列宁在《国家与革命》一书中的观点，他表明"革命即是阶级争斗；阶级争斗即是一个'专政'（Dictature）；国家即是被一阶级使用施行这个'专政'的"；"国家是阶级对抗中的产物；他是为一阶级所占据的社会的最高权力"。[2] 正是通过与无政府主义者的辩论，中共旅欧组织提高了内部成员的政治素养和理论水平，推动了马克思主义的传播。

迟至 1923 年底，无政府主义在留法青年中的影响已经大为减弱，但国家主义的思潮正在抬头。 曾是少年中国学会会员的曾琦、李璜等人，于 1923 年 12 月 2 日在巴黎成立中国青年

---

① 伍豪：《十月革命》，《少年》第 5 号，1922 年 12 月 1 日，第 1—8 页。
② Y. K.：《一个无政府党人和一个共产党人的谈话》（续前第 7 号），《少年》第 8 号，1923 年 4 月 1 日，第 19、24 页。

党，创办《先声》周刊，试图在理论和实践层面对中共旅法党团组织展开攻击。 在其眼中，"国家主义乃是反乎国际主义而言"。[①] 面对种种不实指控，中共旅法党团组织以 1924 年 2 月创刊的《赤光》杂志为平台，积极予以回应。[②] 李富春在《反帝国主义的国际联合之新发展》一文中，介绍了 1924 年夏天以来第三国际和各国共产党帮助中国反对"国际帝国主义"的近况，他表示："这样看来，外国人之赞助我们的，全是国际主义者，即工人和共产党人"；而青年党和国家主义者的观点，"就是一切帝国主义在这次中国内乱中，主张干涉中国，不为中国人民说话的原因"；由此，他不禁发问："然则我们究竟觉得国家主义好，还是国际主义好呢？ 然则我们还要说帝国主义者是我们之敌，共产主义者也是我们之敌么？ 愿大家想一想。"[③]在关于国际主义的论述中，中共旅法党团组织与中共二大、三大的精神保持高度一致，将号召对内"打倒军阀"和对外"打倒国际帝国主义"的"国民革命运动"作为工作中心，将"以国民革命来解放被压迫的中国民族，更进而加入世界革命，解放全世界的被压迫民族和被压迫的阶级"作为"我们的使命"。 周恩来在《救国运动与爱国主义》一文中表示，"我们

---

① 李璜：《释国家主义》（1924 年 10—11 月），中国第二历史档案馆编：《中国青年党》，北京：档案出版社 1988 年版，第 29 页。

② 参见蒋杰《法国新见〈赤光〉杂志第 50、53 及 55 期概况——兼论主编人员更替与杂志流传》，《史林》2022 年第 5 期，第 108—116 页。

③ 李富春：《反帝国主义的国际联合之新发展》，《赤光》第 17 期，1924 年 10 月 15 日。

为救国而倒军阀、倒国际帝国主义，但我们心中却不容丝毫忘掉与我们受同样苦痛的全世界无产阶级和弱小民族，亦即全世界的被压迫民族"；"故我们的救国运动乃必须建立在国际主义上面。"①在其看来，国际主义存在阶级之别，革命是推翻"国际资本帝国主义"的唯一出路，"我们的敌人——资本帝国主义——是国际的，故某一国的革命发动，至少也要含有国际性或更有普及国际的可能。"②1920年以16岁之龄抵达法国的邓小平，不仅曾在周恩来领导下负责《赤光》的出版工作，还因此获得了"油印博士"的美誉，而且多次在《赤光》上发表文字，经常将杂志邮寄回国，推动了革命思想的传播。③

简言之，五四运动前后有关国际主义的理解，大致存在三种倾向：其一，认同国际法原则，支持威尔逊"十四点原则"和国际联盟构想，追求各国之间的协调外交与和平相处；其二，信仰无政府主义，通过世界语或工读互助的方式实现联合，强调打破一切国家和政府的阻碍；其三，坚持马克思主义，追随俄国十月革命开辟的道路，争取实现无产阶级的国际团结和共产主义的远大理想。 持有上述三种观点的中国人，均与法国有密切联系：亲历巴黎和会的中国外交官、"研究系"成

① 伍豪：《救国运动与爱国主义》，《赤光》第3期，1924年3月1日。
② 伍豪：《德国革命运动的过去》，《赤光》第8期，1924年5月15日。
③ 中共中央文献研究室编：《邓小平传（1904—1974）》上，北京：中央文献出版社2014年版，第45—48页。

员和在法留学生，信仰无政府主义的留法勤工俭学运动主倡者和早期参与者，以及留法勤工俭学学生中转向马克思列宁主义的进步青年。 他们在时间上存在递进关系，在人员上存在交叉重叠，但对国际主义概念在中国的传播都产生了重要影响。

第四章

国际法

近代中国知识分子对于国际主义的关注，较早出现在国际法领域。例如，1917年3月28日《顺天时报》刊登的《国际主义》一文，译自英国学者库罗麦对政治理论家乌尔夫（Leonard Woolf）于1916年出版的《国际的政治》（*International Government*）一书的评论。对于乌尔夫主张设立高等国际法院和国际审理会议"两个国际之机关"作为处理德国战败问题的机构的建议，库罗麦不甚乐观，"纵有何等国际的机关存在，恐亦难免战祸之勃发"；"至其效力如何，不幸余亦不能有多大之期待，殊为遗憾"。不过，他也指出："彼平和论者过于信赖国际机关，且认治者及被治者之思想上希望上之区别，虽谓之一大错误，亦无不可也。"①文章作者将国际主义视为"世界平和之思想"，但对其能否实现表示怀疑。

20世纪20年代，国际法领域有关国际主义的讨论不断涌

①［英］库罗麦：《国际主义》，《顺天时报》1917年3月28日，第2版。

现，其中最具代表性的学者当属周鲠生。 周鲠生，原名周览，1889年3月18日生于湖南长沙，年少失怙，13岁考中秀才，后转入新式学堂。 1906年，周鲠生东渡日本，在早稻田大学攻读政治经济科，在此期间加入同盟会；回国后创办《民国日报》，积极从事反对袁世凯的斗争。 1913年，周鲠生获得湖南省官费，赴英国爱丁堡大学留学，攻读政治经济学硕士学位。1919年春，周鲠生转赴法国巴黎大学，直接参加阻碍中国代表团在《凡尔赛和约》上签字的运动。 次年，他提交论文《外交之国会控制》，获得法国国家法学博士学位。 1921年回国后，周鲠生先在商务印书馆担任法制经济部主任，次年受蔡元培之邀进入北京大学；1926年，周鲠生出任东南大学教授兼政治系系主任；1928年，他与李四光、王世杰等人筹建国立武汉大学。 周鲠生深耕于国际政治研究，被誉为"我国法学界的泰斗和国际法学界的权威"。①

一、民族主义与国际主义

1924年4月，时任北京大学政治系系主任的周鲠生在一次讲座中，详细讨论了民族主义与国际主义的关系问题。 他引用意大利革命家马志尼（Giuseppe Mazzini）的观点，认为民族主

① 《周鲠生教授传略》，武汉大学法学院国际法研究所编：《周鲠生文集》，武汉：武汉大学出版社1993年版，第3—16页。

义具有世界主义的特质，民族主义与国际主义在 19 世纪同时发达的情况表明："第一，国际组织是要建设于民族国家上的。因为要国际社会能确定国境，要国家带有永久性，都要有自然的，可了解的原则，不能靠着征服之偶然的事实。而民族国家是比较能保证这个永久性的。国际主义依维民族主义，乃是自然之事"。"第二，国际主义于完成民族主义为必要。民族主义如其不辅之以国际主义，国际社会不会安全，不会平和"。因此，"惟有本国际主义之精神，于国际组织之支配下，民族国家之生活乃能安全自由的发达"。在其看来，民族主义与国际主义的结合，有助于"增进人类的共同利益""补救民族主义的不及""增进世界的和平"，进而解决中国的现实问题。①

由民族主义与国际主义之关系切入，探求国际主义的概念内涵，是近代中国知识分子的常见思路。1924 年，基督教青年会刊物《青年进步》刊登了"万国同盟会"挪威代表"蓝之"关于国际主义的讨论。经过比对可知，这篇文章是朗格获得诺贝尔和平奖之后于 1921 年 12 月 13 日发表的演说（见本书第二章第一节）。译文结尾写道：

> 国际主义，就总括起来的精义，可作下列的一个定义：
> 社会一切的定理都根据于经济、精神以及生物的各种事实。

---

① 周鲠生：《民族主义与国际主义》，《太平洋》第 4 卷第 8 期，1924 年，第 1—20 页。

这定理用以定准社会之健康的发展与那根据于国际基础的
人类文化伸扬。民族性必得在世界联合席上占一位置，并
且应该互相护卫，使各个都达到自己在精神方面，理会方面
生活的机会，管理国家的职能。而政治，经济诸问题也得要
向和平合作，人类共同幸福上着想。①

　　这篇译文较为准确地传递了朗格对国际主义的认识，译者
皮公宇熟悉国际政治，此后在《晨报副刊》上发表了多篇有关
欧洲政局的评论文章。文中提到的"民族性"对应英文
"nationality"，而与其相关的"nationalism"一词，则存在多种
译法，由此延伸出三种不同讨论。

　　第一种讨论与周鲠生、朗格等人的观点类似，强调民族主
义与国际主义的互补关系。例如，1928年9月，桂系刊物《先
导月刊》刊登了署名"梦稗"的文章，将国际主义划分为"社
会主义的国际主义""法西斯主义的国际主义"和"国际协调主
义"三类。其中，"现今一般国家所讲的国际协调主义，想在
现状之下，使各民族和衷共济，以谋世界的和平幸福"。作者
认为，"正统的国际主义"以民族国家为基本单位，二者同时发
生，紧密相连。在社会进化论的视角下，只有彻底实现民族主

---

① Christian L. Lange 原著、皮公宇译：《国际主义》，《青年进步》第76期，1924
　年10月，第29—35页。

义，才能实现国际主义。① 再如，1934 年 6 月，"中国本位文化建设"的积极拥护者李绍哲在《青年与战争》杂志刊文，指出当前世界政治存在两股截然相反的潮流，即"反国际的国家主义"和"超国家的国际主义"，前者以德意奥等国为代表，后者以苏联为代表。 此外，"另有一伟大的主义，就是民族的国际主义与国际的民族主义，换言之，就是三民主义的民族主义。 在三民主义的立场，一方面否认狭隘的国家主义，一方面反对空泛的世界主义"。 因此，作者将"民族的国际主义"与"国际的民族主义"统合在孙中山三民主义的旗帜下。②

第二种讨论是国家主义与国际主义的关系，大致包括以下三类。③ 其一，部分基督教界人士强调二者的调和关系。 例如，1927 年，哈佛大学教育学博士、中华全国基督教协进会会长余日章在上海扶轮社发表演讲："惟真正的国家主义者才能做一个真正的国际主义者，反之，惟真正的国际主义者，才能做一个真正的国家主义者。 换一句话说，一个不忠实不可靠的国家主义者，必不能成为一个诚笃的国际主义者；照样一个诈伪的

---

① 梦樨:《民族主义与国际主义》,《先导》第 1 卷第 4 期, 1928 年 9 月 15 日, 第 1—8 页。
② 李绍哲:《民族的国际主义与国际的民族主义》,《青年与战争》第 4 卷第 9 期, 1934 年 6 月 3 日, 第 10—11 页。
③ 今天,"国家主义"一般对应的是"statism", 但在近代语境中,"国家主义"常被视作"nationalism"的译词。 可参见基督教刊物《兴华》1926 年第 23 卷第 15 期刊登的《基督教与国家主义》和中国青年党刊物《醒狮》1925 年第 34 期刊登的《国家主义与中国青年: 曾琦先生在国立暨南大学讲》等文章。

国际主义者，既不能成为一个真实的国家主义者"。① 同年，曾在美国进修神学、后在燕京大学任教的徐宝谦发表文章，区分了"闭关自守狭隘孤独的国家主义"与"开明的国家主义"，特意强调了"开明的国家主义"中"必多少含有国际主义的成分"。② 其二，一些反对中国共产党和孙中山"三大政策"的国家主义者，没有完全拒斥外交层面的国际主义思想。 例如，1927 年，中国青年党人创办的《醒狮》周报曾刊登过一篇署名"化周"的文章，该文观察了战后欧洲教育界中的国家主义和国际主义倾向，作者在其中指出："二者间的关系，是相互为用的，绝不似偏狭的国家主义者与国际主义者片面主张的绝对与单纯"。③ 同年，另一份国家主义刊物《新国家》(*The New Nation Miscellany*)刊登了署名"鹤君"的评论文章，作者认为："真实之国际主义者亦国家主义者，而国家主义之主张自卫与爱人，其最终目的惟在各求其国家之统一和独立而共谋世界真正之和平。 其人果效忠于国，而于思想上，科学上均有所供献，则其于世界为人类当亦享其同样有利之效果。"④

其三，一些更认同国际主义的进步知识分子则相对拒斥国

---

① 余日章：《国家主义与国际主义》(在上海扶轮社演讲)，《青年进步》第 99 期，1927 年 1 月，第 1—6 页。

② 徐宝谦：《编辑者言：今日中国有无提倡国际主义的必要？》，《真理与生命》第 2 卷第 16 期，1927 年 12 月 1 日，第 1—3 页。

③ 化周：《欧战后教育上的国家主义和国际主义》，《醒狮》第 159 期，1927 年 10 月 22 日，第 5—9 页。

④ 鹤君：《国际主义与国家主义》，《新国家》第 1 卷第 12 期，1927 年 12 月 1 日，第 93—101 页。

家主义。例如，五四运动期间的北京学生联合会代表瞿世英，曾于1924年在《东方杂志》上发表文章，批评国家主义的弊端及其主权论基础的不稳定性，"西方的国家主义是完全以冲突和征服的精神为起原，其本质亦是如此"；"所以国际主义决不是不可能，只要国家将应当让出来的职权让给'国际的政府'，当然是可以实现大同的理想的"。不过，瞿世英虽然反对国家主义，但不拒斥国家的存在，他把国际和国家的关系比附为"联邦与中央政府的关系"，唯此才能"实现和谐的理想"。① 再如，1934年，由潘光旦负责编辑的《华年》杂志刊登时评文章，在国际联盟成立十四周年之际，感叹国际主义的日渐式微。文章指出，"国际主义究竟有多少好处，我们不必详说，但明显得很，它起码是以揭橥和平培植人类间好意、排斥黩武主义为本质的"；但"极端的国家主义"不论是非，"凡是己国的要求，总是神圣与正当的，于是他国领土不妨侵夺，虽则感到人少地多，还不妨尽量提倡人口增加"，最终会造成扩张和混战的局面。②

第三种讨论是国民主义与国际主义的关系。例如，1932年，反日政治刊物《东方公论》刊登了署名"绣佛"的文章，详细考辨国家主义、国民主义与国际主义之间的关系。作者将

① 瞿世英：《国家主义与国际主义》，《东方杂志》第21卷第1期，1924年1月10日，第54—61页。
② 《国际主义或国家主义》，《华年》第3卷第3期，1934年1月20日，第41—42页。

国家主义视作"国家至上"和"国家第一主义",而真正的
"nationalism"则是"祖国至上"的国民主义。 国家主义与个
人主义、国民主义与国际主义之间相互对立。 国际主义可以进
一步分为"基督教国际主义"和"马克思国际主义",前者"尤
其表现在战时国际法的博爱方面",后者"排斥国民主义,拼命
宣传赤色国际主义"。 在其看来,"太平无事时候,国际主义和
国民主义也许勉强过去,一旦重大纠纷发生,二者马上必起正
面冲突"。[①] 再如,1936 年,中国经济评论社主办的《经济评
论》刊登了罗迪良的文章,从货币本位政策视角观察国民主义
与国际主义之间的关系。 作者认为,国民主义是"国家中心主
义,完全排外的,纯以国家为中心主义的思想",国际主义"主
张彼国与此国,以及世界各国间的协同行动"。 从字面意义来
看,二者完全相反;"但是资本主义的生产,同时要求这两种主
义的存在"。 第一次世界大战后货币本位制度的变化,"已显
示国际主义的胜利"。[②]

可以看出,关于国际主义与民族主义、国家主义或国民主
义之关系,近代中国知识分子的认识各不相同。 在上述稍显繁
复的胪列背后,他们的个人际遇、教育背景和政治立场等因
素,也起到关键作用。 与此同时,近代中国知识分子也开始尝

---

① 绣佛:《国家主义国民主义国际主义》,《东方公论》第 79—80 期,1932 年 9 月
18 日,第 13—19 页。
② 罗迪良:《货币本位政策上之国民主义与国际主义》,《经济评论》第 3 卷第 3
期,1936 年 3 月 31 日,第 48—54 页。

试运用各种方法，向大众传播有关国际主义的信息。

二、"国际主义的理想与实现"

1924 年 3 月底至 4 月初，分别在上海和北京发行的《时事新报》和《顺天时报》，均连载了日本帝国大学教授服部宇之吉在上海商科大学的演讲，其演讲题目是"仁义与个人主义家族主义国家主义及国际主义"。据记者所述，服部宇之吉"对于中国儒家的学问，有极深的研究"，对于"仁义"的理解和个人主义、家族主义、国家主义和国际主义的关系也非常明晰，"真可以说能够把孔孟的学说发挥而光大之了"。

服部宇之吉认为，国际主义和国家主义分别对应于儒家思想中的"仁""义"二字：

> 国家主义也有他的理想，这个国家与那个国家的理想不同，正和这个家族与那个家族、这个个人与那个个人的理想的不同一样，所以国家主义也是与义结合的，义既然是与国家主义结合，所以仁（进一步的仁）也可与国际主义（Inteintuiuralism——原文如此）结合。国际主义，也可谓之世界主义，但此二者，名目上虽近似，而实际意义上是不同的，因为世界主义是以世界为一体，不承认有什么国的存在。故与国家主义，正相反对。而国际主义，则以国家为组成的个体，以国家为定论的前提，根本上是与国家主义相符

的。国家主义莫不希望组成此国家的各家族发达,故国际
主义,也莫不希望组行此国际主义的各国家发达。假如有
一国家而不发达,则此国际主义,一定难弄得好;如果各家
国家而能个个完全发达,各国家的理想,而能个个完全实
现,那末国际主义,一定可以实行,一定能够成功。所以国
际主义是完全承认有国的存在,而且极力的要使他有充分
的发达的。由此看来,国际主义也能与国家主义调和,而孔
子之所谓仁、所谓义,孟子之所谓仁义,亦可从而实现。①

在其看来,国际主义与世界主义看似契合,实则有所不
同,国际主义的前提是承认国家的存在,因此国际主义与国家
主义可以调和,而且有助于"仁义"理念的实现。

运用传统文化的思想资源,是近代中国理解国际主义内涵
的常见方式,其中最常出现的表述是"大同"。"大同"语出
《礼记·礼运篇》,描述了人与人之间和谐共处、互相帮助的理
想社会形态:

> 大道之行也,天下为公,选贤与能,讲信修睦,故人不独
> 亲其亲,不独子其子,使老有所终,壮有所用,幼有所长,鳏
> 寡孤独废疾者皆有所养;男有分,女有归,货恶其弃于地也

---

① 《仁义与个人主义家族主义国家主义及国际主义》(三),《顺天时报》1924年4
月2日,第4版。

不必藏于己,力恶其不出于身也不必为己,是故谋闭而不兴,盗窃乱贼而不作,故外户而不闭,是谓大同。①

例如,1924 年 5 月 23 日,《申报》刊登了署名"继盛"的《现今风行之各种主义》一文,将国际主义定义为:"此主义主张世界大同,永久平和。十九世纪中叶马克斯氏联合各国劳动者而组织之第一国际,即此主义之滥觞。废除国界,组织超然国家以统一全球,亦此主义所主张者也。"② 再如,1930 年 9 月 7 日,《申报》介绍了《长风月刊》创刊号上有关民族主义、国家主义与国际主义的讨论,作者认为民族主义与国际主义在精神上"原无二致","民族主义是国际主义的根基,只有国家主义才是国际主义的仇敌,所以发扬民族精神,不但是一民族解放自身的手段,同时又是促进人类大同的先声"。③

"大同"不仅是传统语境中的表述,而且与"主义"相连,继而出现了关于大同主义与国际主义之关系的讨论。例如,国家主义者李璜于 1924 年在上海发行的《中华教育界》杂志上发文,主张用大同主义取代国际主义。他表示,现在中国的国力较为衰弱,如果实力强大的话,至少可以与别人假意周旋,甚至可以将"大道之行,天下为公"的大同主义拿出来,与

---

① 胡平生、张萌译注:《礼记》(上册),北京:中华书局 2017 年版,第 419—420 页。
② 《现今风行之各种主义》,《申报》1924 年 5 月 23 日,第 20 版。
③ 汤彬:《书报介绍·长风月刊创刊号》,《申报》1930 年 9 月 7 日,第 26 版。

"武装和平或阶级战争"的国际主义相竞争。在其看来，前者远比后者"高明得多"。① 再如，社会学家毛起鵕于 1938 年在汉口发行的《民意》杂志上发文，认为大同主义是国际主义的来源，"国际主义，由来已久，中国的大同主义即是其中最早之一种。"②

通过不同形式的介绍，近代中国人对于国际主义的认识，已经达到了相当水平。1928 年，中华基督教青年会全国协会国际联谊委员会筹划了一次征文比赛，主题是"国际主义的理想与实现"。比赛第一、二名的文章全文刊载在《青年进步》杂志第 112—113 期。第一名获得者是年仅 23 岁的清华大学教育心理系大三学生郑冠兆，全文长达 22 页，分为上下两节。上节"国际主义理想的研究"讨论了"主义是什么""国际主义的中心思想""国际主义与国家主义""国际主义与世界主义""国际主义的历史观察"和"一个国际主义的理想"六个问题；下节"国际主义实现的研究"讨论了"国际主义可以实现么""国际主义实现的基础""国际主义实现与教育改革"和"国际主义实现与舆论的提倡"四个问题。作者还在结论中发出号召："国际主义是今日的救星，在今日已不是个高不可攀的东西，如果我们认为是对的，需要的，我们就鼓掌欢迎它，促它快来"。特别是作者还列举了自己引用的参考文献，其中包括

---

① 李璜：《再谭国家主义的教育——国家主义的教育与民主主义，社会主义，国际主义》，《中华教育界》第 13 卷第 9 期，1924 年 3 月，第 4—5 页。

② 毛起鵕：《民族主义与国际主义》，《民意》第 48 期，1938 年 11 月 9 日，第 6—9 页。

上节提到的余日章《国家主义与国际主义》、周鲠生《民族主义与国际主义》、瞿世英《国家主义与国际主义》3篇文章，中国第一位女性博士郑毓秀所著的《国际联盟概况》第一编，以及英文论文14篇。①

征文比赛第二名获得者是同样23岁的上海光华大学学生詹文浒，其文章长达19页，讨论了"国际主义的意义""历史上的国际主义""大战后的国际主义""'国际联盟'与国际主义之实现""国际组织与国际心理"和"国际主义旗帜下国人所负的特殊使命"六个问题。作者对于国际主义历史渊源的叙述颇为详尽，他把国际主义区分为"古代"和"近世"两种，前者主张建设世界帝国（World Empire），后者以国际法（International Law）与世界联邦（World Federation）为目标。作者共引用4部英文著作和6部中文著作，其中有一半属于史学研究范畴，分别是美国学者雷蒙德·盖特尔（Raymond G. Gettell）于1924年出版的《政治思想史》、张乃燕著《世界大战全史》、梁启超著《学术演讲集》第2辑《先秦政治思想》、梁思成译《世界史纲》以及何炳松编《近世欧洲史》。② 这两篇文章表明，20世纪20年代的中国大学生，不仅接触到了国际主义思想，而且可以对其进行较为严谨的学术论

---

① 郑冠兆：《国际主义的理想与实现》，《青年进步》第112期，1928年4月，第8—29页。

② 詹文浒：《国际主义的理想与实现》，《青年进步》第113期，1928年5月，第13—31页。

证；他们所接受的教育，与国际法学科在近代中国的创设具有密切关系。

三、 周鲠生及其国际法研究

1921 年学成归国后，周鲠生在繁忙的工作之余，积极撰写时评文章，编辑出版各类教科书和学术著作，推动了国际法知识在近代中国的传播和运用，其中涉及诸多有关国际主义的理解。

1927 年，位于上海的太平洋书店出版了周鲠生的《解放运动中之对外问题》一书，该书收录了作者近年来有关外交问题的研究论文和演讲笔记。《中国的国际地位》一文原载于《东方杂志》1926 年 1 月号，其中写道："我们要承认狭隘的民族主义或国家主义也不是增进中国地位的绝对好方法"，"而须得参用国际主义的精神，以谋根本的解决"。《孙中山与中国解放运动》一文是作者于 1926 年 11 月 12 日在清华学校孙中山诞辰纪念会上的演讲，其中谈道："中山的民族主义实有近世人道主义者提倡的国际主义的精神。 可是中山先生也不是空想的世界主义者。 他不主张世界主义。 以为在中国现今不是讲这主义的时候。 他以为想做世界主人翁的才提倡世界主义"；"中山先生的政治思想，仍是守着民族本位，并非泛泛的高谈世界大同，而抹煞民族利益的空想可比。 实则现今去打破国界的时期尚远，要根本抹煞民族的情感利害，而讲世界大同，也未免是妄想呵！"①周鲠生拒斥狭隘的民族主义和空想的世界主义，他以国家利益为前提，讨论国际主义的可能。

同年，商务印书馆"现代社会科学丛书"出版了周鲠生编著的《近代欧洲外交史》一书，国际主义是其论述体系的重要组成部分。周鲠生将 1815 年维也纳会议后的欧洲外交史划分为四个阶段：正统主义（1815—1848 年）、民族主义（1848—1871 年）、帝国主义（1871—1914 年）和国际主义（1919 年以后）。国际主义的思想渊源在"帝国主义发展之全盛期"就已出现，"在此时期中，世界和平运动，渐露头角。提倡国际联治以救民族争斗之弊害者，渐增其势力。一八九九年有第一次海牙平和会议之召集，已经是在国际政治上开一新纪元。自后一般仲裁条约与国际共同行政组织日见发达。一九一四年欧洲战祸之反动，更以促进平和主义者之努力，而国际政治根本改造之运动，即酝酿于战争期中。其结果则在一九一九年之巴黎和会，决定创设国际联盟（League of Nations）之一种新世界组织，此为国际主义代替帝国主义以支配国际政治之新趋势。国际主义今虽尚不能全然占取民族主义、帝国主义之地位，然其为二十世纪方兴未艾之新势力，则不可否认。"在该书第三编"帝国主义时代"关于"国际平和运动"的论述中，周鲠生写道："十九世纪后半期民主势力发达，对于日增不已之军备负

---

① 周鲠生：《解放运动中之对外问题》，上海：太平洋书店 1927 年版，第 35—38、52—53 页。

担，到处有抗议之声；而国际主义，人道主义渐影响于欧洲之舆论，造成一种确信认战争为不必要而且可免的害恶；平和运动渐露头角。"①

不过，在该书1927年7月初版和1928年11月再版的文字中，周鲠生尚未写到第四编"国际主义时代"，直至1929年任教于武汉大学以后，他才补充了1919年巴黎和会至1925年《洛迦诺公约》的内容。周鲠生指出，"国际联盟的创设，为一九一九年巴黎和会最大的成绩。此为国际主义所寄托，为世界新组织的始基。此实行了美总统威尔逊十四条原则之一，于国际社会发达史上开一新纪元"；"就联盟本身组织说，自《鲁卡诺公约》成立结果，德国加入联盟之后，联盟已不复有协商国片面的组织之嫌疑；而以德国之合作，联盟之基础益加巩固，其权威亦增长。所以联盟虽未能如世人理想，即时成一世界组织，充分实现国际主义之精神，然其趋势究系朝着此方向进行，似亦不容漠视。"②国际主义寄托了周鲠生对于第一次世界大战以后国际格局的构想，是各国外交发展的大势所趋。

1930年以后，周鲠生历任国立武汉大学政治系主任、教务长、校长，并于1948年当选中央研究院院士。在学理层面和现实政治的不同视角，周鲠生都对国际主义进行了讨论。在

---

① 周鲠生编：《近代欧洲外交史》，上海：商务印书馆1928年版，第11—12、411页。
② 周鲠生编：《近代欧洲外交史》，上海：商务印书馆1932年版，第483、494页。

1929 年出版的《最近国际政治小史》一书中，周鲠生介绍了欧战结束以后国际政治研究进入大学的相关情况，他举例谈道：在比利时首都布鲁塞尔有所谓"国际大学"的设立，"国际政治的研究，是那大学中的主要科目。这个讲学机构的组织，是在联合各国大学教授招集世界各方面的学生，一堂讲演；本国际主义的精神，讨论国际一般问题"。① 在 1934 年 10 月出版的《国际公法之新发展》一书中，周鲠生比较了国际法与国内法之异同，他认为"绝对的决定一切权限的权限"只能由国际社会享受，"所以国际法优越主义的一元论，在法理上保持法律的统一，而在政治思想上则代表国际主义的趋向。充这个一元论的理想，结果便是归到世界国家（civitas maxima）"；他从 1791 年法国宪法中观察到"废弃侵略的战争"的原则："法兰西革命政府的对外行为，虽然不一定与当初革命理想及其成文的宪条一致，但是革命理论及宪法里面所发扬的国际主义，实为后来国际法之进步的发达的起点，则不容否认"；他指出了"国际潮流"不可避免的态势："上次欧洲大战以后，平和及民主主义得势，国际主义行将代替旧式狭隘的民族主义国家主义以支配国际政治，而进步的国家则须顺应这个新潮流以决定国民对外关系"。最后，周鲠生还在"外交的民主化"一章中表示，"至于人民世界知识的增进，国际主义的发达，及一般政治

---

① 周鲠生：《最近国际政治小史》，上海：商务印书馆 1929 年版，第 7 页。

的民主化,当然更是促进外交民主化之要件"。① 在上述文字中,周鲠生对于国际主义的理解,显然受到了西方国际法学科的影响,强调各国之间的和平相处。

1949 年以后,周鲠生留在大陆,历任中华人民共和国外交部顾问、外交学会副会长、全国人大代表等职务,为 1954 年宪法的起草和新中国外交政策的制定提供了宝贵意见。 实践证明,西方国际法学科的内在局限性无法适应中国外交的现实需要。 1963 年,周鲠生出版《现代英美国际法的思想动向》一书,"旨在揭露第二次世界大战后英美国际法思想的主要动向及其与帝国主义特别是美帝国主义的侵略政策的联系"。② 1964年,周鲠生集生平所学,抱病完成了约 60 万字的《国际法》一书,对"第一次世界大战前后有一派西方资产阶级所谓'国际主义者'(internationalist)"反对国家主权、反对平等学说的观点加以批驳。③ 无疑,1956 年加入中国共产党的周鲠生认同无产阶级国际主义,而对资产阶级国际主义保持了清醒的认知。这部巨作也是周鲠生在 1971 年逝世之前的遗著。

本章的梳理尝试说明,在 20 世纪二三十年代中国人的"知

① 周鲠生:《国际公法之新发展》,上海:商务印书馆 1934 年版,第 91、290—291、335 页。
② 周鲠生:《现代英美国际法的思想动向》,北京:世界知识出版社 1963 年版,"前言"。
③ 周鲠生:《国际法》上册,北京:商务印书馆 1981 年版,第 178—181、211 页。

识仓库"中，有关国际主义的理解，时常出现在关于国际法和国际政治的讨论中，这些知识大抵源于英美国家的既有学科体系。 然而，周鲠生的个案表明，有关国际主义的理解可以随着时代的变化而发生改变。 2019 年，在纪念周鲠生诞辰 130 周年座谈会上，时任全国人大常委会副委员长万鄂湘表示："先生一生勤勉治学、笔耕不辍，他的一系列奠定性著作，构建了具有中国特色的国际法理论体系，为中国国际法学术建设和国家的外交政策的制定做出了巨大贡献"。[1] 来自西方的知识经验，只有经过中国本土的实践检验，才能真正焕发它的生命力。

---

[1] 武汉大学法学院官网：《学校纪念周鲠生先生诞辰 130 周年》，https://law.whu.edu.cn/info/1051/5404.htm，2024 年 1 月 21 日检索。

第五章

世界语

1931 年 3 月 15 日，上海世界语学会主办的《绿光》(La Verda Lumo) 杂志发表了一篇介绍世界语运动在欧洲的发展趋势的文章，作者胡愈之刚从巴黎回国不久，便迫不及待地分享了自己与德国、波兰和苏联世界语者的交流心得。他表示，最近的旅行使自己更加明确："工人世界语者在世界语运动中起着重要作用"，"从精神上讲，大战后，内在理想——世界语主义，已经死亡了，或者说差不多死亡了，而现在它又在工人运动中苏醒了。无产阶级的团结和马克思主义者的国际主义给柴门霍夫的语言以新的力量，把它从精神崩溃中解救出来。"[①]在其看来，第一次世界大战后的"世界语主义"业已消亡，只有无产阶级的国际主义才能为世界语运动赋予新的活力。

　　胡愈之，1896 年 9 月 9 日生于浙江上虞。1911 年，进入

---

① Hujucz, "Kelkaj Impresoj de Mia Lasta Vojaĝo"，《绿光》1931 年第 8 卷第 3—4 期，转引自胡愈之《最近一次旅行的几点印象》，肖平译，侯志平编：《胡愈之与世界语》，北京：中国世界语出版社 1999 年版，第 148—149 页。

绍兴府中学堂，受到鲁迅的影响。 1913 年，开始函授学习世
界语。 1914 年，考入上海商务印书馆，次年担任《东方杂志》
编辑。 胡愈之投身五四新文化运动，与郑振铎、沈雁冰发起文
学研究会，筹措创立上海世界语学会，担任环球世界语会的上
海代理员，为《绿光》和《学生杂志》撰写了大量有关世界语
的文章，编订了诸多世界语的教材。 1925 年，胡愈之积极参
与五卅运动，创办《公理日报》，发表长文《五卅事件纪实》。
1927 年，胡愈之严正抗议国民党发动的四一二反革命政变，受
到国民党当局的忌惮，被迫于次年出国，进入巴黎大学法学院
攻读国际法，直至 1931 年回国。 正是这段留法岁月，"使他在
思想上实现了由民主主义向社会主义"的转变，推动了中国世
界语者对国际主义认识的发生变化。①

一、 世界主义与国际主义

1887 年，波兰籍犹太人眼科医生柴门霍夫创造世界语
（Esperanto），意为"希望者"。 1905 年，第一届国际世界语
者大会在法国布伦召开，柴门霍夫正式提出了"世界语主义"
（esperantismo）的说法：

世界语主义就是努力在全世界推广使用中立的人类

---

① 于友：《胡愈之传》，北京：新华出版社 1993 年版，第 145—149 页。

语。这种语言"并不干涉民族内部生活,也毫无排斥现有各民族语的目的"。它将给予各国人民互相了解的可能,将在不同民族常因语言问题而引起纠纷的国家中,作为公共机关的一种缓冲语,而且人们还能用它出版一切民族都感兴趣的著作。任何一个世界语者,如果要把自己的某种想法或希望与世界语主义联系起来,那纯属是他个人的私事,世界语主义对此不负责任。①

柴门霍夫认为,"世界语主义"秉持中立态度,不干涉任何民族的生活和语言,旨在增进全人类的相互了解。当年,留日学生在上海创办的《大陆报》发表了关于世界语的介绍文章,认为柴门霍夫"遂至怀抱四海同胞之主义,此所以着手于实际同语之发明也"。20世纪初,中国的无政府主义者在推广世界语的进程中出力甚多,无论是受到日本影响的刘师培、何震夫妇,还是受到法国影响的李石曾、吴稚晖等人,在其主办的刊物《天义》《衡报》和《新世纪》上发表了大量关于世界语("万国新语")的文章,深刻影响到近代中国知识分子希望实现文明开化和追求世界大同的理想。②

---

① 中华全国世界语协会编:《柴门霍夫演讲集》,祝明义译,北京:中国世界语出版社1985年版,第29页。
② 参见罗志田《清季围绕万国新语的思想论争》,《近代史研究》2001年第4期,第86—144页;余露《清季民初世界语运动中的"世界"观念》,《学术研究》2015年第3期,第108—118页;张仲民《世界语与近代中国知识分子的世界主义想象——以刘师培为中心》,《学术月刊》2016年第4期,第143—157页。

第一次世界大战期间，初学世界语不久的胡愈之即在《时事新报》《东方杂志》等刊物上发表文章，将世界语视作解决当下国际争端的重要出路。他承认世界语在文学界的巨大影响，"托尔斯泰之著作，学者无不知其文字之富妙，然在世界语，则译本独多"。① 他结合战争进程，认为战争主义是"国家主义之变相"，"实与担任神圣调和之世界语"无法调和。② 他对比世界语在战争前后的发展态势，战前的欧洲列强"迷溺于风靡世界之国家主义"，各国政府"惟恐其人民之醉心大同主义"，世界语的发展受到限制；但在战后，欧洲各国"翻然变计，改图平和之事业，谋沟通国际感情之方法"，世界语的发展呈现一片坦途。③ 胡愈之对托尔斯泰的关注，将世界语视作超越国家主义的方式，与无政府主义者的观点更为接近。

五四运动前后，胡愈之关于世界语的论述与国际局势的最新演进关系密切。1920年1月，胡愈之在《东方杂志》发表《一九一九年与世界大势》一文，他将1919年视作新旧时代的转折点："各国思想界之新运动，风发云涌。威尔逊总统国际同盟之理想，卒能博取大多数人类之同情。至若俄国劳农政府之极端改革，与和约中劳动条款之特订，则尤为经济改造之先声。"胡愈之一方面承认国际联盟的意义，"虽未能尽如人意，

---

① 胡学愚：《世界语丛谈：世界语在学术上之地位（续）》，《时事新报》1915年9月2日，第3张第4版。
② 胡愈之：《世界语之新势力》，《时事新报》1915年9月29日，第3张第1版。
③ 胡学愚：《世界语发达之现势》，《东方杂志》第14卷第1号，1917年1月15日，第12页。

然亦慰情聊胜于无矣";另一方面揭示了国际联盟的局限,"今日之世界,去大同时代尚远。国家思想,犹盘据人心。所谓秘密外交之废除,国际正义之实现,犹未能尽如吾人之所望。"①但在此时,他对俄国十月革命伟大意义的理解相对有限,甚至认为俄国革命的成功"与其谓托洛茨基、列宁之力,不若谓赫尔岑、陀斯妥耶夫斯基、高尔基之力也"。②

此后,胡愈之不仅撰写了大量有关无政府主义者和世界语的文章,而且将其相关认识融入国际局势的评论之中。例如,1922年8月,胡愈之在《学生杂志》上发表文章,详细论述了国际语的必要性和世界语的发展史。他指出:语言不通是造成"各民族思想感情不能融合"和战争无法消除的根本原因,"所以如果战争是万恶的,国家主义是不可不打破的,那么,国际语的建立,真是刻不容缓的事情了"。因此,"柴门霍夫创造世界语,是含有一种神圣的使命,就是全人类的友爱的结合,和平的理想的世界的实现";虽然在当下的世界里,"没有'人类的分子',省和省互相排斥,国和国互相战争,种和种互相残杀,党和党互相倾轧","无所谓友爱,无所谓互助,无所谓容忍",但他坚信:

---

① 罗罗:《一九一九年与世界大势》,《东方杂志》第17卷第1号,1920年1月10日,第27—36页。
② 罗罗:《革命与自由》,《东方杂志》第17卷第21号,1920年11月10日,第4—5页。

　　国际语是中立的,他是不属于任何势力之下的,他所要打破的就是界限,畛域,和一切的隔膜。使人都变成了人类的一分子,使人都除去一切的偏利和成见,赤裸裸的相见,使属于一切种族的人都通力合作,使现代的人都呼吸国际主义的空气,以逐渐养成未来的新生活,这是国际语运动的最后理想,就是所谓世界语主义(Esperantismo)了。深望学世界语的同志,不要忘了这主义,更不要轻看了这最后的理想![1]

　　胡愈之将"国际主义"视作打破一切界限的精神,并与"世界语主义"等而视之。 不久之后, 他又在《东方杂志》上刊登评论,对"书生总统"威尔逊提出的"国际合作主义"和国际联盟方案深感失望,"各国仍然和先前一样的根据帝国主义的利己野心,订结盟约,以相互对抗";而"以俄国为中心的世界无产阶级的革命运动"将成为未来最重要的"潜在势力"。[2]

　　亲身参与五卅运动和四一二反革命政变的斗争,使胡愈之对国际主义的理解逐渐深入。 1927 年 11 月, 胡愈之在《东方杂志》发表《世界语四十年》一文, 对柴门霍夫逝世十周年以示纪念。 他表示, 柴门霍夫虽然已经离世, 但他将和平的种子

---

① 愈之:《国际语的过去现在及将来》,《学生杂志》第 9 卷第 8 号, 1922 年 8 月 5 日, 第 60—68 页。
② 化鲁:《最近国际关系与世界的新形势》,《东方杂志》第 19 卷第 13 号, 1922 年 7 月 10 日, 第 2—17 页。

洒向全世界,"世界语运动并不因此而消灭。 大战以后,人类感受战争的痛苦,渐有倾向国际主义之势,而世界语运动乃乘机复兴。"他明确表示,世界语运动发展"最显著的事实"在于国际联盟曾向各国政府发出提倡世界语的建议。 不过,胡愈之注意到世界语在国际共产主义运动中取得的重要发展。 他指出,利俾瑟(Leipzig)的 "寰球无国界同盟"(Sennacieca Asocio Tutmonda)已经成为"国际无产界革命运动的中心机关",苏联政府也已经发行了三种世界语相关的纪念邮票。① 1928 年,胡愈之将此前发表的六篇有关世界语的文章结集成书,以《世界语四十年》为题,经由上海世界语书店印行。 同年,他在商务印书馆出版的《国际法庭》一书中也曾写道:"世界大战是因国家主义过分膨胀所致。 战后国家主义虽然未曾消灭,而国际主义(internationalism)的运动,却乘机而起";国际联盟虽然是一个"似是而非""虚有其表"的机构,但其"究竟是倾向于国际主义的一种组织,总强似没有呢"。②

　　20 世纪 20 年代,胡愈之关于国际主义的理解大抵集中于超越民族国家局限的层面,而且明确意识到了国际联盟的弊端。 相对而言,他将世界语视作实现人类团结的方式,带有一定的无政府主义倾向和模糊的理想主义色彩。 或许正因如此,在 1928 年赴法求学时,胡愈之选择将国际法作为自己的专业。

① 愈之:《世界语四十年》,《东方杂志》第 24 卷第 22 号,1927 年 11 月 25 日,第 89—91 页。
② 胡愈之:《国际法庭》,上海:商务印书馆 1930 年版,第 22—23 页。

二、《莫斯科印象记》

四一二反革命政变后，胡愈之和郑振铎等七名知识分子联名发表抗议信，招致了国民党当局的忌惮和追究。出于中法汇率较低和节省生活成本的考虑，胡愈之在 1928 年 1 月抵达法国，进入巴黎大学学习国际法。起初，不懂法语的胡愈之只能依靠世界语和英语进行交流，得到了法国世界语者的无私帮助。在法期间，他结识了巴金等无政府主义者，与法国共产党党员也有过交往。学习之余，胡愈之深入观察国际政治，以"本刊巴黎特别通讯员"的名义在《东方杂志》上发表了数十篇时评文章。

1931 年 1 月初，由于法郎升值，生活拮据的胡愈之被迫启程回国。途中，他访问了位于德国柏林的无产阶级世界语者国际的机关刊物《国际主义者》编辑部，与波兰的世界语者进行了交流。1 月 27 日，胡愈之抵达莫斯科，并在苏联世界语者的帮助下获得停留一周的许可。七天时间里，胡愈之的行程非常充实，他参观了苏联的工场、农庄、商店、学校和托儿所，与苏联各界群众进行了亲切交流。2 月 3 日，胡愈之离开莫斯科，并在回国后立刻动笔，完成了六万余字的《莫斯科印象记》。这些文字先在《社会与教育》杂志上连载，又于 1931 年 8 月在新生命书店推出单行本，至 1932 年 10 月共再版五次。

胡愈之在《莫斯科印象记》中所做的详细描述，成为当时中国进步知识分子了解苏联社会主义制度的重要窗口。本书扉页，胡愈之用世界语写道："我谨将这本小书，献给莫斯科的男女同志们，当我访问全世界无产者的首都时，他们志愿地给予我接待、帮助和指导。"在序言中，胡愈之充分肯定了十月革命的意义和苏维埃政权的成就："苏维埃联邦正在改造的途程中，它的将来，还没有人能知道。但是单就目前说，十月革命却已产生了许多奇迹。而就我所见，最大的奇迹是人性的发见。"在与苏联世界语者交流的过程中，胡愈之收获了关于国际主义的最新认识："布尔什维克在政治的立场上，是彻头彻尾的国际主义者；而在文化及艺术的立场上，却又是民族主义者"。胡愈之在此处使用的"国际主义"，显然已经适应于无产阶级的语境。他认为民族主义与国际主义看似矛盾，实则具有连续性，他高度肯定了苏维埃政府保护苏联的"民族文化、民族语文、民族文艺"的举措，认同民族文化的解放发展是实现世界文化繁荣的过渡阶段的观点。书中，胡愈之还提到了自己参加旅馆业劳动者集会、妇女代表选举会和少年先锋队大会的经历，《国际歌》的旋律使其印象深刻，感受到了属于少年的力量："这些少年先锋队们的小小的肩膀上，能够担当起整个人类命运的重担子。未来原来是属于他们的！"该书终章，胡愈之以"两世界"开篇，用世界语高呼"革命万岁"，对资本主义世界的批判和对社会主义制度的赞美，也在胡愈之此后写作的时评文章中日益明显。①

　　九一八事变爆发后不久，胡愈之即在 1931 年 9 月 24 日出版的《生活周刊》上发表文章，评论了最近一年以来的国际局势。他指出，帝国主义国家的经济危机造成了其严峻困难，"他们的相互的武力冲突，是无法再延缓了"；他大胆预测，日本进攻中国东北的"强暴侵略行为，亦将成为第二次世界大战的序幕"。② 在 9 月 26 日出版的《社会与教育》杂志上，胡愈之对南京国民政府诉诸国际联盟和非战条约签字国的做法表示不以为然，"所以一切对于国际的呼吁，可以说全无用处，至少也是缓不济急。此外的方法，就只是鼓动民众反日运动，对日实行经济绝交。"③特别是在同年出版的《东北事变之国际观》一书中，胡愈之从国际联盟约章、巴黎非战公约和华盛顿九国公约的具体文本出发，分析现行国际条约是否适用于对日交涉的场景，由此强调："这次外交当局过分信赖国际联盟，而对华盛顿始终未采取任何外交行动，实在是最大的失策。"④不难发现，在法国学习的国际法知识和在苏联体验的共产主义制度，使胡愈之能够做出相对清晰的判断——以国际联盟为代表的

---

① 参见胡愈之《莫斯科印象记》，上海：新生命书局 1932 年版。
② 胡愈之：《一年来的国际》，《生活》第 6 卷第 42 期，1931 年 10 月 10 日，第 898—901 页。
③ 胡愈之：《尚欲维持中日邦交乎？》，《社会与教育》反日运动特刊，1931 年 9 月 26 日，第 2—5 页。
④ 胡愈之：《东北事变之国际观》，上海：良友图书印刷公司 1931 年版，第 56 页。

"资产阶级国际主义"已近黄昏，以苏联为代表的"无产阶级国际主义"正是希望的象征。

1932年夏，胡愈之担任《东方杂志》主编。他组织了一次以"新年的梦想"为题的征文，作为1932年1月《东方杂志》新年号推出。在征稿信的开篇，胡愈之写道："在这昏黑的年头，莫说东北三千万人民，在帝国主义的枪刺下活受罪，便是我们整个国家，整个民族也都沦陷在苦海之中。"由此，他向广大读者发问："先生梦想中未来的中国是怎样的?""先生个人的生活中有什么梦想?"征稿信发出后，共收到244封回信，胡愈之总结这些"梦想"的特点之一是"诅咒国家"，"除了极少数以外，应征诸先生大多希望有一个理想的世界，而中国只成为理想世界中的一部分"；但他同时表明，这种观点与爱国情感并不冲突，"一般人所希望的却是脱皮换骨改造过后的新中国"。① 同月，他在《国人对于苏联应有的认识》一文中，详细介绍了苏联的国家、政制、政党、经济建设、分配制度、国外贸易、和平外交和远东政策等八方面内容，其中第一点就是"对于苏联国家的认识"。胡愈之认为，"共产主义的最后理想，是不要国家的。但是在共产主义未实现以前，换句话说，在世界其余部分资本主义存在着的时候，苏联还仍是一个国家"。故而他强调，"苏联和一切的国家一样，有他的国际地

---

① 记者:《读后感》,《东方杂志》第30卷第1号,1933年1月1日,第79—81页。

位，或为国际法上的主体"。① 在胡愈之看来，爱国主义的现实与国际主义的理想没有矛盾，当前的国家有其存在的合理性，只不过他认同的对象是无产阶级的国家和国际主义。 也正是由于胡愈之的政治立场发生了显著转变，他被迫离开了《东方杂志》和商务印书馆，但在参加中国民权保障同盟和中国青年世界语者联盟的实践中，他逐渐向党组织靠拢，并于 1933 年9 月正式加入中国共产党。

1933 年 7 月，胡愈之在好友邹韬奋出国后，承担起《生活》周刊的编辑和生活书店的经营工作。 同年冬天，他在参加地下党组织主办的"苏联之友社"的活动中，萌生了创办宣传苏联和批判资本主义的专门刊物的想法。 经过多方筹备，1934 年 9 月 16 日，《世界知识》杂志由生活书店正式发行。 胡愈之为《世界知识》起草的创刊词体现了他的爱国主义和国际主义情怀。 他在开篇写道："中国是'世界的中国'了。"面对西方的侵略和科技的进步，维持"光荣的孤立"和继续"偏安的日子"都不过是"一个永不会实现的梦想"。 但是，所谓的"文明世界"是资本帝国主义的产物；"'文明世界'的外表原是光辉灿烂的，可是内面和底层，却充满了丑恶，肮脏，暗黑和崎岖不平。"在其看来，与二十年前相比，目前的"文明世界"出现了实质性的变化：其一，资本帝国主义呈现出不同面貌。

---

① 胡愈之：《国人对于苏联应有的认识》，《东方杂志》第 30 卷第 2 号，1933 年 1月 16 日，第 6—10 页。

"民主主义，个人自由，国际协调，这些原是'文明世界'的美丽外衣，现在索性都褫下了。留下的只是榨取，掠夺，压迫，屠杀的赤裸的本质。"政治上的极端国家主义、黩武主义，经济上的锁国主义、自给自足主义、货币关税战争等，都是资本帝国主义的表现形式。其二，与"文明世界"对峙的另一个世界已经得以奠基。"十七年前，在世界六分之一的土地上，开始向'文明世界'竖起反叛的旗帜"；而现在，"他们的物质建设，超越了先进的帝国，他们的防卫威力，吓退了挑战的敌人。旧世界虽然切齿痛恨着，却不得不前倨后恭起来。至今世界政治，经济，文化各方面，都不能不让他占着主要的地位了。"其三，斗争的场景发生改变。第一次世界大战是"帝国主义的内部火并"，而此时处于"被支配的消极地位"的"一切殖民地弱小民族"，在二十年后成为"直接促成'文明世界'坍倒的主要动力。"最后，胡愈之发出号召："我们的后面是坟墓，我们的前面是整个的世界。怎样走上这世界的光明大道去，这需要勇气，需要毅力，——但尤其需要认识"；进而强调《世界知识》的诞生绝非偶然："它将帮助你认识世界！在走向'世界的中国'的途程上，它将尽一点小小的力量。"①此后，《世界知识》秉持爱国主义和国际主义的立场，克服办刊过程中遭遇的重重困难，至今仍以"平实理性看世界"的宗旨，为我国读者观察国际时

---

① 《创刊辞》，《世界知识》第 1 卷第 1 号，1934 年 9 月 16 日，第 3 页。

政提供平台。

随着日本侵华形势的日益严峻，胡愈之积极参加抗日救亡运动，特别是在争取东北军、组织救国会和营救"七君子"等活动中出力甚大。1936年10月19日鲁迅逝世后，胡愈之不仅是鲁迅葬礼的组织者之一，而且将鲁迅盛赞为"真正的伟大的民族作家"和"被压迫的人民大众的代言者"。[①] 在民族存亡的危急关头，越来越多的知识分子做出了与鲁迅和胡愈之相同的选择。

三、走向"真正国际主义之道"

全面抗战爆发后，胡愈之积极参与上海文化界救亡协会的爱国活动。1937年10月10日，他在《救亡日报》上发表"国庆日献辞"《爱自己的兄弟》，高声疾呼："只有一切中国人打成一片，才能建设一新中国。只有用民族间的兄弟之爱当作钢骨，用弱国者的血当作水泥，才能奠定中华民族万年不拔的基础。"[②]与此同时，他还通过成立国际宣传委员会、创办各类抗日刊物、翻译出版《西行漫记》等方式，向国内外各界积极宣传中国的抗战事迹。

---

① 胡愈之：《鲁迅——民族革命的伟大斗士》，《生活星期刊》第1卷第21号，1936年10月25日，第255页。
② 胡愈之：《国庆日献辞：爱自己的兄弟！》，《救亡日报》1937年10月10日，第4版。

1938 年起，胡愈之遵循党的指示，先后在香港、广州、武汉、长沙、桂林、重庆等地组织抗日宣传工作。奔波途中，胡愈之为柴门霍夫诞辰 80 周年撰写的纪念文章，于 1938 年 12 月 29 日在中共中央长江局主办的《新华日报》上发表。与此前的相关论述相比，胡愈之对世界语和国际主义的理解更加深刻。其一，认识到柴门霍夫的局限性。他指出，柴门霍夫既是"理想主义的革命家"，又是"现实主义的语言学家"，"和他的同时代的许多学者一样，柴门霍夫的社会思想，不能逃出观念论的圈子，所以他把语言的价值估计得过高，以为只要把各民族的语言统一起来，就会达到和平的最后目的，却把现代战争的经济的原因完全忽略了"。其二，分析了民族语与世界语的辩证关系。他表示，柴门霍夫是"第一个主张国际语的方案，要用活的民族语作为蓝本"的提出者和实践者，"柴门霍夫第一个主张国际语的产生是跟着民族语的发展而来，所以国际语运动，与各民族语言独立运动是矛盾的统一。"其三，概括了柴门霍夫世界语方案的成功原因。他谈到，近百年来的国际语多达二百种，但只有柴门霍夫的方案"能够在过去五十一年中不断发展，到现在已成为唯一的活的国际共通语"。世界语之所以能够取得成功，"大半是在于这一正确的语言理论上，而并不在于他的中立主义的社会理想上。"其四，明确了中国世界语运动的发展方向。他认为，"只有抛弃了中立主义的幻想，运用柴门霍夫所给予我们的这一工具，来参加当前的反侵略的民族革命战争，这样才不辜负这一个为人类和平的语言工具。"因此，应该将世界语的理论用于"发展中国的民族语文，解决民族语文中的一切困难问题，以提高人民大众文化水准，建设崭新的民族文化，这样才能对于未来的国际主义文化，有异常广大丰富的贡献。"① 最后，胡愈之发出倡议："我们是柴门霍夫主义者，但应该是不脱离现实的好的柴门霍夫主义者"。 在其看来，"中立主义"的做法断不可取，中国的世界语者必须投身实践，将柴门霍夫的理论运用于民族文化的建设，进而发挥为国际主义事业奠基的作用。

战争期间，胡愈之始终坚定爱国主义和国际主义信仰。1940 年 6 月，胡愈之根据党的指示撤至香港，12 月就任新加坡《南洋商报》主编，在当地华侨中广泛开展抗日爱国运动。1942 年 2 月，新加坡沦陷前夕，胡愈之撤至印尼苏门答腊，度过了隐姓埋名的三年流亡生活。 1945 年 9 月，胡愈之重返新加坡，创办新南洋出版社和《风下》周刊。 12 月 31 日，胡愈之在该刊发文，对第二次世界大战进行总结，并对战后的世界格局加以展望："战争产生了两件崭新的东西：原子弹和联合国机构。 这说明了一方面人类生产力快要从电气时代进入原子时代；另一方面生产关系也必须由国家主义进入到国际主义。"胡愈之意识到战后的世界格局依然是资本主义和社会主义的对

---

① 胡愈之：《纪念国际语理论家柴门霍夫》，《新华日报》1938 年 12 月 29 日，第 4 版。

立体系，而美国和苏联将分别领导着帝国主义和被压迫人民大众的两个阵营。胡愈之认为，和平斗争的方式可以使两个集团实现统一，但前景光明的道路也注定充满曲折。①

1948 年 8 月，胡愈之回到解放区，并在 9 月抵达党中央驻地西柏坡，从事统一战线的相关工作。12 月，胡愈之在《中国青年》杂志上发表长文《青年与国家》，体现了他深入学习马克思主义和毛泽东思想的成果。开篇，胡愈之引用毛泽东在《新民主主义论》结尾的表述——"新中国航船的桅顶已经冒出地平线了，我们应该拍掌欢迎它。举起你的双手吧，新中国是我们的"——说明现在的解放形势一片大好，"一万万六千八百万同胞安稳地搭上这条新中国巨舶，并且准备拯救其余的三万万同胞，脱离美蒋集团压迫下的反动的、腐败的、专制的、苦难的旧社会，过渡到进步的、健全的、自由的、幸福的新社会。"为此，胡愈之认为，有必要帮助解放区青年厘清对"国家政权"概念的理解，使其免受封建余毒荼毒和国民党宣传中"狭隘民族主义或国家主义反动思想的毒害"。

接着，作者着重批判了"以蒋介石为首的中国反动统治集团"有关"国家至上论""民族至上论""大国民主义"的论述。对此，作者强调，"为了避免走上这种极端危险的错误路线，中国青年们必须学习马列主义思想和毛泽东思想，从其中获得对

---

① 胡愈之：《从战争到和平：一九四六年展望》，《风下》第 5 期，1945 年 12 月 31 日，第 85—87 页。

于国家与民族问题的正确的革命的观点。 只有加强这种理论学习，才能使反动统治阶级的欺骗宣传失去作用，使我们的思想与行动得到保障而不至堕入反动的道路。"因此，作者特别推荐了刘少奇的新作《论国际主义与民族主义》，认为它"是关于这一问题的一种正确的分析，更是值得我们细心去学习的"。

继而，作者分享了自己对于国家和民族的相关认识。 一方面，他认为不能"把国家的概念抽象化，而应从阶级的观点，从人民大众的立场去具体了解一切国家政权的本质"。 具体到中国，"四大家族所把持的独裁卖国政权是极少数人的政权，是僭越的，不合法的，代表全国四万万以上的人民民主共和国政权，是大多数人的政权，是正统的，合法的。"另一方面，阶级观点和人民大众的立场也是理解民族问题的关键。 根据正确的革命观点，"民族应当解释为某些种族、语言、文化相接近的人民大众为了求生存发展或防卫外来侵略所结合的团体"；根据人民大众的立场，"一个民族的生存发展，并不与其他民族的生存发展相冲突"。

最后，作者这样概括：

> 要是我们能够从阶级观点与人民大众立场，来处理国家政权问题与民族问题，则我们就不难理解，爱国主义与国际主义是统一的而不是矛盾的。毛泽东主席曾说："爱国主义是国际主义在民族革命战争中的具体实施。"正像革命战争是为了消灭战争，爱护人民大众自己的国家，也正是为了

打倒帝国主义,逐渐消灭国家界限,以达到大同世界的最后目的。

胡愈之认为,只有坚持爱国主义与国际主义的统一,才能实现民族解放和世界大同的理想,并由此号召青年人树立正确的国家观:"让我们用我们的血和肉,来巩固扩大这人民民主的新中国,消灭国内外的人民敌人,以求中华民族的永久生存和发展。"胡愈之用《义勇军进行曲》的歌词,展望新中国的诞生。[①]

中华人民共和国成立后,胡愈之出任中央人民政府文教文化委员、出版总署署长等职。在1949年11月《新华月刊》的发刊词《人民新历史的开端》中,胡愈之详细论述了中国革命与世界革命相辅相成的关系:"在毛泽东思想的领导下,中国人民从来不用狭隘的民族观点来看待我们改造自己的国家的事业。我们明确地知道,中国人民的民族民主革命运动是属于社会主义的世界革命运动范畴以内的。"[②]同年12月,胡愈之等人在14年前成立的中国人民救国会宣告结束,他回顾了该会的斗争历史,总结了工作的主要经验,具体包括:认识到人民力量的伟大、坚持中国共产党道路和毛泽东道路的意义、团结就

---

① 胡愈之:《青年与国家》,《中国青年》(陕北)第1期,1948年12月20日,第4—9页。

② 胡愈之:《人民新历史的开端》,《胡愈之文集》第5卷,北京:生活·读书·新知三联书店1996年版,第314—318页。

是力量以及不断学习国际主义思想的必要性。 胡愈之写道：

> 不进步就是退步，时间不容许你停顿在中途。我们同志们十余年来都在不断求进步，决不是一开头就认识了真理，决不是一路来都没有犯错误。很多的同志们，在以前是资产阶级自由主义者，现在倾向马克思、列宁主义；在以前是英美旧民主主义者，现在是向着社会主义共产主义的路上走。我们中间，甚至比较前进的分子，也曾经有过资产阶级民族主义的错误思想，而现在，却已冲破了狭隘的民族主义的樊笼，成为爱国的国际主义者。这就说明了思想落后不可怕，教育改造并不是一下子可以成功，主要却在于我们能不断求进步，我们要有勇气接受真理和追求真理。①

胡愈之清楚地意识到知识分子的思想演进是一个不断变化的过程，他坚定反对狭隘的民族主义，坚持爱国主义与国际主义的统一，并将这种精神融入现实工作之中。 例如，在1951年3月召开的中华全国世界语协会成立大会上，胡愈之发出了"让世界语为伟大的爱国主义与国际主义运动服务"的呼吁。②

---

① 胡愈之：《中国人民救国会结束宣言》，《胡愈之文集》第5卷，北京：生活·读书·新知三联书店1996年版，第314—318页。
② 侯志平编：《胡愈之与世界语》，北京：中国世界语出版社1999年版，第196页。

此后，胡愈之历任中国人民外交学会副会长、中国文字改革委员会副主任、中华全国世界语协会理事长、《光明日报》总编辑、中国民主同盟中央委员会代主席、全国政协副主席、全国人大常委会副委员长等职，为中国的外交、教育、统战和文化事业作出了重要贡献。1986年1月16日，胡愈之因病逝世，享年89岁。不久，胡愈之的友人张楚琨在《人民日报》刊登挽诗，怀念二人同在南洋的奋斗岁月，盛赞这位"国际主义战士"的不屈精神。①

本章以胡愈之为例，回顾了他对国际主义概念的理解不断深入的过程。在20世纪20年代的相关论述中，他对"世界语主义"和世界语运动充满希望，对国际法的效力和国际联盟的作用尚抱有期待，也在一定程度上意识到十月革命和苏维埃政权的意义。1930年前后，胡愈之留学法国和访问苏联的经历，使他的政治立场发生重大改变，他坚决批判日本发动的侵略战争和国际联盟的消极态度，继而转向了对于无产阶级国际主义的正确理解，坚持爱国主义与国际主义相互统一。时至晚年，胡愈之回忆道："整个青少年时期，我都是一个民主主义者。对于新、旧民主革命，我都是拥护和支持的。后来，在革命激流的推动下，我还直接参加了群众斗争，我是在现实教育下逐渐走向革命的。在实践斗争中，我看到了工人阶级和人

---

① 张楚琨：《挽胡愈之同志》，《人民日报》1986年1月27日，第8版。

民群众的伟大力量，对国民党的希望和幻想渐渐破灭，在思想立场上开始转向党和劳动人民"。① 事实上，胡愈之的思想历程绝非个案，走向马克思主义也是近代中国大批进步知识分子的选择。

---

① 胡愈之：《我的回忆》，南京：江苏人民出版社 1990 年版，第 11 页。

第六章

国际歌

1923 年 6 月 12—20 日，中国共产党第三次全国代表大会在广州召开，陈独秀、李大钊、毛泽东等近 40 人代表全国 420 名党员出席会议，讨论了国共合作和建立革命统一战线等问题。通过各项决议后，与会代表来到黄花岗烈士墓举行悼念活动，"由瞿秋白指挥，大家高唱会议期间刚学会的《国际歌》。中共'三大'就在雄壮有力的歌声中胜利闭幕了"①。此后，中国共产党的全国代表大会都在《国际歌》的旋律中闭幕。《国际歌》不仅是全世界无产阶级革命的标志性符号，而且在中国共产党的发展历程中具有重要的象征意义。

　　欧仁·鲍迪埃作词、皮埃尔·狄盖特作曲的《国际歌》，是法国革命传统的集中体现。在俄国十月革命的影响下，《国际歌》于 1920 年前后传入中国。除去无政府主义者"列悲"和

---

① 徐梅坤：《九旬忆旧——徐梅坤生平自述》，北京：光明日报出版社 1985 年版，第 29 页。

"张逃狱"直接译自法文原诗的两个版本外（见本书第三章第二节），1921 年 5 月 27 日刊登在《民国日报》副刊《觉悟》的《第三国际党颂歌》，则是耿济之、郑振铎根据《国际歌》俄译本节选的第一、二、六段和叠句所译。 不过，真正将《国际歌》的诗稿和旋律同时带入中文语境的"第一人"，是中国共产党早期主要领导人之一瞿秋白。 在翻译过程中，瞿秋白创造性地将"international"音译为"英德纳雄耐尔"，他表示：如此"异语同声"，体现了"世界大同的兆象"，"令中国受压迫的劳动平民，也能和世界的无产阶级得以'同声相应'。"①可以说，瞿秋白准确理解了《国际歌》的思想意涵，以实际行动践行了国际主义的精神品格。

一、"赤都"之旅

1899 年 1 月 29 日，瞿秋白生于江苏常州，1917 年秋进入北京俄文专修馆读书，1919 年因参加五四运动和抗议军阀马良的活动而两度被捕，后加入李大钊发起的马克思主义研究会。在先进思想的指引下，瞿秋白对第一次世界大战后中国人"隔岸观火"的态度深感不满："摆出最古文化国、最初发明'大同主义'的架子来就算了，仍旧在那里过他的闭关日子"；中国的

---

① 瞿秋白：《国际歌》，《新青年》（季刊）第 1 期"共产国际"，1923 年 6 月 15 日，第 6—7 页。

失败"就是失败在中国人没有坚毅的志向和明敏的智能，不能组织一良好的社会去迎合世界的潮流，建设一巩固的国家，去迎合世界的现势"；更直接指明大战后诞生的国际联盟、国际劳动会（即 1919 年在美国成立的国际劳工组织）和美国总统威尔逊的"十四点宣言"都"没有用处"；因此，他希望中国人尽快觉悟，主动迎合世界潮流。① 既然对西方国家在战后重建的国际秩序毫无信心，瞿秋白将目光投向了更具普遍意义的社会主义思想。 他拒绝"某一阶级，或是某一地域"的局限，希望"全世界，全社会，各民族，各阶级"能够"实现真正的民主，民治，民本的国家或世界"。② 1920 年，他在《新社会》旬刊上发表《将来的社会与现在的逆势》《伯伯尔之泛劳动主义观》等文章，介绍了德国社会主义领袖倍倍尔关于革命和劳动的相关论述。

　　1920 年 10 月 16 日，瞿秋白和俞颂华、李宗武一道，以北京《晨报》和上海《时事新报》特约通讯员的名义，启程前往莫斯科。 在三个多月的旅途中，瞿秋白随时记录自己的所见所思。 11 月 7 日，瞿秋白在哈尔滨参加俄侨举行的纪念十月革命庆祝会，"会中出席演说者均为哈尔滨俄国职工联合会中央执行部各职员，慷慨陈词，会众咸激昂欢呼。 凡歌国际劳动会歌

---

① 瞿秋白：《欧洲大战与国民自解》，《新社会》第 1 号，1919 年 11 月 1 日，第 3 版。
② 瞿秋白：《革新的时机到了！》，《新社会》第 3 号，1919 年 11 月 21 日，第 2—3 版。

三次"①。《国际歌》和劳动大学关于俄国社会发展史的演讲，都让瞿秋白大受鼓舞。他在 1921 年 1 月写作的《中国工人的状况和他们对俄国的期望》一文中，充分认识到第一次世界大战对中国的影响，"现在中国无产阶级心里明白，威尔逊鼓吹的国际联盟，对落后黑暗的中国是毫无帮助的"；赞扬俄国工人"为全人类的幸福而英勇奋斗"的精神：

> 你们的运动不仅具有民族主义性质，而且具有国际主义性质；不仅是为了自己的个人幸福，而且是为了全世界工人阶级的幸福。你们说过："世界应当属于劳动者"。我们将竭尽全力去取得彻底的胜利。希望由于你们的努力，全世界人民将觉醒起来。

因此，中国无产阶级需要俄国的帮助，"'全世界无产者，联合起来！'的号召，中国人老早就听到了，可是直到现在还未能起来响应"，"中国的知识分子必须帮助中国无产阶级于国际主义与国际无产阶级联合起来共同为人类服务"。因而，瞿秋白认为自己和俞颂华、李宗武此行的"目的是要向中国正确报道俄国的情况"，"给中国的社会主义运动以第一次推动"。在简要介绍中国无产阶级的情况之后，文末，瞿秋白表示，知识

---

① 秋白：《哈尔滨通信：哈尔滨之劳工大学》，《时事新报》1920 年 11 月 20 日，第 5 版。

分子在"中国的无产阶级能够加入世界运动"的过程中应当承担起传递知识、组织队伍的责任，他再次引用"全世界无产者，联合起来！"的口号，"致共产主义敬礼！"①这篇文章可能是瞿秋白直接使用"国际主义"一词的最早出处，在抵达莫斯科之前，无产阶级国际主义的精神已经根植于瞿秋白的思想之中。 1921 年 1 月 25 日，瞿秋白一行抵达苏俄，他们三人合作起草的《致俄国工人和新闻工作者呼吁书》，发表在 2 月 6 日的《消息报》上。 文中，他们盛赞俄国无产阶级是"马克思的光辉思想的第一批继承者和传播者"，"你们社会制度的全部内容，你们的经济和政治的总方向是国际主义的"，"你们的无产阶级政府对别国人民没有任何侵略意图，它愿为解放全世界被压迫的人民而斗争，它正在进行这样的斗争"，并表示此行"将向中国人民如是报道俄国人民的真实情况"，粉碎资本主义国家污蔑俄国的不实报道。② 这里，国际主义成为拉近中俄两国无产阶级情感关系的纽带。

作为记者，瞿秋白积极参加各类活动，向国内传回了大量

---

① 瞿秋白：《中国工人的状况和他们对俄国的期望》(1921 年 1 月)，《瞿秋白文集：政治理论编》第 1 卷，北京：人民出版社 2013 年版，第 164—171 页。 根据《瞿秋白文集》的说法，这篇文章很可能写于赤塔。 原文译自 1970 年 5 月号的苏联《亚非人民》杂志，该杂志称本文发表于 1921 年 2 月 27 日出版的《共产国际远东书记处公报》第 1 期"远东来信"，署名"秋白（广州）"；另有一份与此相同的俄文打字稿，"署名瞿秋白，未写明城市，现保存在苏共中央马列研究院的党中央档案库内"。

② 瞿秋白：《致俄国工人和新闻工作者呼吁书》(1921 年 1 月)，《瞿秋白文集：政治理论编》第 1 卷，第 172—173 页。

一手消息。 1921 年 6—9 月，《晨报》连续刊登了他关于第十次
全俄共产党大会的系列报道，特别是在有关"第三国际会"（即
共产国际）的部分，瞿秋白强调了"世界革命"的重要意义：
面对资本主义的重重围困，俄国实行社会主义的唯一出路"只
有世界革命，——何况俄罗斯十月革命本含有世界的国际之性
质呢？"他将"世界的国际之性质"视作十月革命的突出特点，
梳理了第一、第二、第三国际的历史，介绍了俄国共产党"以
第三国际会为利器，联络各国的社会党，抱定左派的宗旨，促
起各资本主义国家里的社会革命"的政策。① 1922 年 8—9
月，《晨报》又刊登了他关于热那亚会议的两篇报道，当年 4 月
10 日—5 月 19 日，苏俄与英、法等 29 国在意大利开会，讨论
欧洲经济复兴问题，瞿秋白一针见血地指出：会议"决造不出
什么新世界来，能恢复旧的就算好了"，"和平""协作""消灭
战祸""人道主义"等词语都是"空话，是不可信的"。 关于会
议结果，他表示："协约国方面半推半就"，还债和赔偿问题未
能解决，俄国劳农政府"不过是政治上的消极胜利"；"以国际
局势而论，一九一九年海洋的飓风已息，现在已到寒冬，湖水
冻竭，资本国家与无产国家各守疆域成两相对峙的形势，世界
革命暂就宁静，而帝国政府也无所施其技"，并预测海牙会议

---

① 瞿秋白：《共产主义之人间化——第十次全俄共产党大会》（1921 年 3 月 31 日—
　 4 月 15 日），《瞿秋白文集：政治理论编》第 1 卷，北京：人民出版社 2013 年
　 版，第 205、212 页。

"必蹈日诺亚会议之覆辙"。① 瞿秋白清醒地意识到资产阶级的和平主义话语只是空谈，而资本主义国家和无产阶级国家之间在外交层面不可调和的矛盾，无助于世界革命的实现。

在俄期间，瞿秋白利用自己的语言特长，为中国共产党开展活动提供了极大帮助。 1921 年 6—7 月，瞿秋白和李宗武为出席共产国际第三次代表大会的中国代表用俄文草拟了参会文件。 他们梳理了近二十年来社会主义思潮传入中国的两条路径——由日本翻译的社会主义书籍和旅欧留学生《新世纪》杂志，但更加强调十月革命的影响，"只是在俄国无产阶级革命之后，中国学生才认真着手研究马克思主义"；并将五四运动后中国的社会主义知识分子分为无政府主义者、改良主义者和农村公社（新村）的鼓吹者三类。② 此外，瞿秋白还进入东方大学担任助教，为刘少奇、罗亦农、彭述之、任弼时等人讲授俄语以及唯物辩证法、政治经济学等课程。 他曾两次见到列宁，经过张太雷介绍，于 1922 年春正式加入中国共产党。 通过亲身体验，瞿秋白逐步确立了自己对共产主义的认同和信仰。

1922 年底，瞿秋白为访问莫斯科的陈独秀担任翻译，并接

---

① 瞿秋白：《一九二二年之西欧与苏维埃俄罗斯：俄国经济改造之新气象》（1922 年 4 月 24 日），《晨报》1922 年 8 月 26 日，第 6 版；瞿秋白：《海牙会议与俄罗斯：欧洲外之北美合众国，卖国的布尔塞维克，中国式文明外交》（1922 年 7 月 10 日），《晨报》1922 年 9 月 9 日，第 6 版。

② 瞿秋白：《社会主义运动在中国》（1921 年），《瞿秋白文集：政治理论编》第 1 卷，北京：人民出版社 2013 年版，第 289 页。

受后者的邀请，于次年1月启程回国工作。在《赤俄之归途》一文中，瞿秋白提及了行前听到俄国工人演唱《国际歌》的场景。① 旅俄两年，《国际歌》的旋律已经深深熔铸在瞿秋白的心中。瞿秋白根据自己旅俄经历写作的《饿乡纪程》《赤都心史》等书稿，也成为时人观察苏俄社会的重要窗口。

二、"国际悲歌歌一曲"

1923年6月，瞿秋白在广州出席中国共产党第三次全国代表大会，主编了复刊的中共中央机关刊物《新青年》杂志。会议期间，在《新青年》季刊第一期"共产国际"专号上，他不仅发表了自己从俄文翻译而来的《国际歌》歌词和创作的诗歌《赤潮曲》，而且刊登了他亲自撰写的四篇理论文章。在《世界的社会改造与共产国际——共产国际之党纲问题》一文中，他阐明了无产阶级对于发展生产力的重要性，并指出《共产党宣言》中"全世界无产者，联合起来！"的口号，从法文而来的直译是"各地无产阶级，联合起来！"，"不仅是主观的表示革命意志的呼声，而是客观的必然的结合，——共同的利益，共同的斗争"。在《现代劳资战争与革命——共产国际之策略问题》一文中，他强调"二十世纪之世界革命必为无产阶级的事

---

① 瞿秋白：《赤俄之归途》(1923年1月25日)，《瞿秋白文集：政治理论编》第1卷，北京：人民出版社2013年版，第414—415页。

业，共产国际正负此重任"。 在《世界社会运动中共产主义派
之发展史——世界共产党与世界总工会》一文中，他详细梳理
了国际共产主义运动的历史，突出了马克思和恩格斯的创举，
分析了第二国际内部"国际主义派"和"非国际主义派"的斗
争，指出第三国际作为"世界革命事业"的意义。 在《评罗素
之社会主义观》一文，他对罗素"世界之阶级战争为文明之末
路，而非新世界之门户也"的观点加以批判。 可以说，瞿秋白
对共产主义的历史与理论相当熟悉，关于国际主义的认识和理
解已经达到了一定高度，推动了马克思列宁主义在中国的
传播。①

　　瞿秋白以坚定的革命意志和极高的理论素养投入中国共产
党的各项工作之中，特别是为党的文化、宣传和教育工作作出
了突出贡献。 1924 年 3 月 26 日出版的《向导》第 59 期，刊登
了瞿秋白撰写的《苏联宪法与共产主义》一文，系统介绍了苏
联宪法的主要特征。 他指出："苏联宪法的意义，是各苏维埃
国家（乌克兰、白俄、后高加索、俄罗斯等）之大联盟的条
约。 各国同是一社会主义的国家，大家联合起来，共同努力于
经济改造，反抗世界的帝国主义，——是世界史上一件极重大
的事实。 那宪法的宣言里说得明明白白，——是社会主义的国
际主义实现的第一步。"瞿秋白将"社会主义"作为"国际主

---

① 《新青年》第 1 期，1923 年 6 月 15 日，第 12—36、37—56、129—141、147—
　　149 页。

义"的限定语，针对的目标是资本主义的"国际"观念，他写道："所谓国际主义是社会主义的要求，决不是承认了债务来哀求加入英美列强的'国际'"；因此，"苏维埃政治，于其阶级之天性上，系属国际性质"。① 1924 年 5 月 1 日出版的《民国日报》特刊，发表了瞿秋白撰写的《五一节之四十年：一八八四——一九二四年》一文，详细梳理了国际劳动节的发展历史。他表示，虽然第二国际在 1889—1914 年间发挥了团结劳动阶级的作用，但"无产阶级的国际主义竟暂时毁灭于这班改良派领袖之手"，"自从五一运动表现出工人的国际主义之后，无产阶级的政党里始终一天一天觉着团结的真实力量"，第三国际由此成立。② 同年 5 月 4 日出版的《上海大学周刊》第 1 期，刊登了瞿秋白写作的《自民族主义至国际主义》一文，精炼概括了五七运动、五四运动和五一运动的现实意义。他认为，1915 年 5 月 7 日日本提出"二十一条"堪称"中国近年来爱国运动——民族主义运动的出发点"；1919 年，"五四运动的发展，摧残一切旧宗法的礼教，急转直下，以至于社会主义，自然决不限于民族主义了"；1920 年，各国劳动阶级发起的五一运动"正是反抗这些资产阶级的国际运动"，中国的解放需要世界

---

① 秋白：《苏联宪法与共产主义》，《向导》第 59 期，1924 年 3 月 26 日，第 2—7 页。
② 瞿秋白：《五一节之四十年》，《民国日报》"五一特刊"，1924 年 5 月 1 日，第 1—4 页。

无产阶级的援助，"中国的民族主义根本上是国际主义"。①

　　以上论述表明，瞿秋白秉持阶级分析的观点，认为国际主义存在资产阶级和无产阶级之别，而在无产阶级的国际主义概念中，第二国际是改良主义的立场，第三国际坚持共产主义的正确道路。至于民族主义与国际主义的关系，瞿秋白也承认二者的一致性。例如，瞿秋白在1925年发表的《五一纪念与国际劳动运动》和《五一纪念与共产国际》两篇文章中分别写道："五一是国际的革命的阶级斗争的象征，然而第二国际虽然成立在五一纪念的第一年，却早已丧失了革命精神和无产阶级的国际主义"；"只有俄国革命之后，各国共产党发展起来，组织了共产国际（第三国际），才真正恢复那五一纪念的国际主义"；"因为共产党的革命的国际主义发展，资本主义便要倒了"。②

　　随着革命形势的变化，瞿秋白对民族主义与国际主义之关系的认识出现了改变。1926年初，他在为上海大学准备的《现代民族问题讲案》中写道："纯民族的国家里还利用富农、小资产阶级的私有观，反对无产阶级的国际主义，鼓动盲目的

---

① 瞿秋白：《自民族主义至国际主义》，《瞿秋白文集：政治理论编》第2卷，北京：人民出版社2013年版，第525—527页。
② 双林：《五一纪念与国际劳动运动》，《向导》第112期，1925年4月28日，第11—13页；白秋：《五一纪念与共产国际》，《中国工人》第5期，1925年5月，第9—12页。

民族夸大主义——破坏农工联合"。① 1927 年 2 月，为了反对
党内出现的右倾机会主义错误，瞿秋白在党的五大上分发了
《中国革命中之争论问题：第三国际还是第零国际——中国革
命中之孟雪维克主义》一文，他将中国的民族主义思潮分为两
类：民族资产阶级的思想经历了从排满主义、军阀立宪主义、
国货主义、商人政府主义到戴季陶主义之流变，最终归为"民
族改良主义"（national reformism），与"民族革命主义"相对
抗，"反对阶级斗争而力避国际主义"。但是，他也指出党内当
时存在的机会主义派别，"中国杜洛茨基主义式的机会主义，实
际上是第二国际主义之雏形"。② 国共合作破裂后，瞿秋白一
度主持中央工作。1928 年 2 月，他写作《世界革命中的民族主
义》一文，在其中阐释了无产阶级国际主义的原则：

　　世界社会主义革命时代，一般民族解放运动都是总的
社会主义革命之中的一部分。当这种时代，无产阶级的政
党是国际主义的。因为只有彻底的国际主义，才能赞助一
切被压迫的民族和殖民地的独立运动，赞助民族自决，一直
到民族分立。而殖民地及一般被压迫民族的无产阶级，也

① 瞿秋白：《现代民族问题讲案》（1926 年 1 月），《瞿秋白文集：政治理论编》第
3 卷，北京：人民出版社 2013 年版，第 497 页。
② 瞿秋白：《中国革命中之争论问题：第三国际还是第零国际——中国革命中之孟
雪维克主义》，《瞿秋白文集：政治理论编》第 4 卷，北京：人民出版社 2013 年
版，第 456、514 页。

是唯一能彻底反帝国主义,彻底争到民族解放的阶级。

在其看来,全世界无产阶级的"国际主义"和被压迫民族无产阶级的"民族主义",是世界社会主义革命的一体两面,二者绝不存在冲突,但这些弱小民族中资产阶级的民族主义,"就只有很有限的革命意义",需要得到无产阶级的正确领导。瞿秋白还指出,"国际主义的反对战争主义,也不是什么天经地义的死原则。最主要的是:世界无产阶级应当如何领导各国的一般劳动民众——非无产阶级的群众,农民等等,起来推翻国际帝国主义的统治。"他援引列宁关于民族问题的主张,即各民族的劳动民众通过自由联合的方式,从"劳动者的联邦国家"发展到"社会主义的联邦国家",继而建设"无国界无阶级的共产主义社会"。瞿秋白表示:"这是彻底的国际主义,也就是能够真正解放弱小民族的主义"。①

瞿秋白具有极高的马克思列宁主义理论素养。1928 年 6 月中共六大在苏联召开后,瞿秋白继续留在莫斯科,担任中国共产党驻共产国际代表团团长。1928 年 8 月,瞿秋白在共产国际第六次代表大会第三十九次会议上发言,阐释了关于殖民地和半殖民地国家的革命运动问题。他说道:

---

① 瞿秋白:《世界革命中的民族主义》(1928 年 2 月 5—11 日),《瞿秋白文集:政治理论编》第 5 卷,北京:人民出版社 2013 年版,第 283—284、286 页。

　　马克思主义者的民族纲领就在于：第一，要坚持民族和语言平等，在这方面绝不允许有任何特权（还要坚持民族自决权）；第二，如同列宁所说的，要坚持国际主义的原则，要进行不调和的斗争来反对无产阶级沾染上即或是最文明的资产阶级民族主义思潮。①

　　共产国际第六次代表大会的《告中国工人劳动民众》，充分肯定了中国革命之于世界革命的重要贡献。瞿秋白对此深表赞同："帝国主义的时代，殖民地弱小民族之中的真正的'民族主义者'，真正能负起解放民族的责任的，始终只有彻底的国际主义者之无产阶级及劳动民众！"②1929年夏，瞿秋白在《共产国际》杂志俄文版第23—24期发表《反对帝国主义战争的斗争与东方》一文，表示共产国际和东方各国共产党应该"经常在殖民地和半殖民地广大工农群众中进行国际主义教育，争取士兵群众，瓦解帝国主义军队和本国反革命军队等工作"。③

　　1930年春，瞿秋白返回国内，离开党的领导岗位，留在上海组织革命运动，进行文艺创作。1932年5月，瞿秋白在《北

---

① 瞿秋白：《关于殖民地和半殖民地国家的革命运动问题的结束语》（1928年8月21日），《瞿秋白文集：政治理论编》第6卷，北京：人民出版社2013年版，第95页。

② 瞿秋白：《苏维埃的中国万岁！——共产国际第六次大会与中国共产党第六次大会论中国革命》（1928年9—10月），《瞿秋白文集：政治理论编》第6卷，第131页。

③ 瞿秋白：《反对帝国主义战争的斗争与东方》（1929年6月20日），《瞿秋白文集：政治理论编》第6卷，第374页。

斗》第 2 卷第 2 期发表《五四和新的文化革命》一文，论述了
五四运动的重要意义。 他表示，在五四运动反对帝国主义的斗
争中，"最初发生了国际主义的呼声"，有人也不禁跳脚："民族
主义是吃饭的家伙，而国际主义只是靠不住的发财彩票"。 对
此，瞿秋白表示，"国际主义的国家"才能真正实现经济繁荣、
消灭剥削并打击帝国主义的进攻，"在国际主义的旗帜之下进行
革命的民族战争"才是实现解放的唯一道路。① 1934 年初，瞿
秋白辗转来到中央革命根据地，担任人民教育委员会委员等
职。 长征开始后，瞿秋白留在江西瑞金，坚持游击战争，于次
年 2 月不幸被捕。 1935 年 6 月 18 日，瞿秋白在福建长汀就
义。 临行前，他用俄文唱起《国际歌》。《大公报》的报道
如下：

> 书毕乃至中山公园，全园为之寂静，鸟雀停息呻吟，信
> 步行至亭前，已见菲菜四碟，美酒一瓮，彼独坐其上，自斟自
> 饮，谈笑自若，神色无异。酒半乃言曰："人之公余稍憩，为
> 小快乐；夜间安眠，为大快乐；辞世长逝，为真快乐。"继而高
> 唱国际歌，以打破沉寂之空气，酒毕徐步赴刑场，前后卫士
> 护送，空间极为严肃，经过街衢之口，见一瞎眼乞丐，彼犹回
> 首环视，似有所感也。既至刑场，彼自请仰卧受刑，枪声一

---

① 瞿秋白：《五四和新的文化革命》(1932 年 5 月)，《瞿秋白文集：政治理论编》
第 7 卷，北京：人民出版社 2013 年版，第 525—526 页。

发,瞿遂长辞人世矣![1]

　　高唱《国际歌》英勇就义的中国共产党党员不止瞿秋白一人,方志敏、向警予、罗扬才等革命烈士,都在《国际歌》的歌声中从容赴难。 1930 年 7 月,毛泽东在进军途中创作《蝶恋花·从汀州向长沙》,其中"国际悲歌歌一曲,狂飙为我从天落"一句,正是这种革命乐观主义精神的呈现。[2]

三、 爱国主义与国际主义

　　1934 年 10 月,面对全民族的危机和国民党的"围剿",中共中央率红军主力踏上长征之路,于次年 9 月抵达陕北。 1935 年 12 月 17—25 日,中共中央在瓦窑堡召开政治局扩大会议,会议决议指出,"世界革命是中国革命有力的帮手。 同时中国革命现在就已经成了世界革命的伟大因素,将来则要以全民族的雄伟阵势帮助着世界的革命。"[3]中国革命与世界革命相辅相成,当前党的基本任务则是要建立广泛的抗日民族统一战线。

---

[1] 《瞿秋白毙命纪》,《大公报》1935 年 7 月 5 日,第 4 版。

[2] 这首词的题目是作者在 1963 年编辑出版《毛主席诗词》时所加。 中共中央党史和文献研究院编:《毛泽东年谱》第 1 卷,北京:中央文献出版社 2023 年版,第 309—310 页。

[3] 《中共中央关于目前政治形势与党的任务的决议》(1935 年 12 月 25 日中央政治局瓦窑堡会议通过),中共中央文献研究室、中央档案馆编:《建党以来重要文献选编(1921—1949)》第 12 册,北京:中央文献出版社 2011 年版,第 534 页。

不过，这种方针也带来了新的猜测和怀疑。1937年3月1日，毛泽东接受美国记者史沫特莱的采访，当被问及"新的统一战线政策，是否即谓中国共产党人为建立民族阵线，放弃阶级斗争，而变成了民族主义者？"时，毛泽东回答道：

> 中国共产党现在提出的这些政策，没有问题的是带着爱国主义性质的。有人说：共产党是国际主义者，他们是不顾民族利益的，他们不要保卫祖国。这是极糊涂的话。中国共产党人是国际主义者，他们主张世界大同运动；但同时又是保卫祖国的爱国主义者，为了保卫祖国，愿意抵抗日本到最后一滴血。十五年来共产党领导的民族解放斗争，是人人皆知的事实。这种爱国主义与国际主义并不冲突，因为只有中国的独立解放，才有可能去参加世界的大同运动。①

毛泽东抛开民族主义的概念，转而解释了爱国主义和国际主义之间的互补关系，指出中国的独立解放是实现"世界大同"的前提。全面抗战爆发后，这种认识不断深化。1938年5月1日出版的《解放》杂志第36期，刊登了博古写作的《国际主义和革命的民族主义》一文。他援引列宁的观点，讨论了

---

① 毛泽东：《中日问题与西安事变——和史沫特莱的谈话》（1937年3月1日），中共中央文献研究室编：《毛泽东文集》第1卷，北京：人民出版社1993年版，第484页。

国际主义与革命的民族主义之间的关系："国际主义者是被压迫民族的民族解放运动的最坚决的援助者；被压迫民族中的国际主义者，应当是该民族中最澈底和最激进的革命的民族主义者。"他认为，"革命的民族主义"有别于"资产阶级民族主义"，而与"革命的国际主义"实质上等同："在殖民地半殖民地的被压迫民族里，革命的国际主义者必然应该同时是最坚决的革命的民族主义者。 反对异族的压迫，保卫祖国的生存，争取民族的解放，是社会主义者的民族的任务，亦即它的国际的任务。 在这里革命的国际主义和革命的民族主义是结合在一起的。"在其看来，国际主义和革命的民族主义的一致性，是国共合作的基石和抗战胜利的保证。①

1938 年 9 月 29 日—11 月 6 日，党的扩大的六届六中全会在延安召开，毛泽东代表党中央作《论新阶段》的政治报告，在第七部分"中国共产党在民族战争中的地位"中，毛泽东指出：作为国际主义者的共产党员，"可以"也"应该"同时是爱国主义者，并应当由历史条件决定。 共产党员坚决反对日本和德国侵略者的国际主义，但"对于我们，爱国主义与国际主义密切结合着，我们的口号是为保卫祖国反对侵略者而战"；"只有为着保卫祖国而战才能出全民族于水火，只有全民族的解放才能有无产阶级与劳动人民的解放，爱国主义就是国际主义在

---

① 博古：《国际主义和革命的民族主义》，《解放》第 36 期，1938 年 5 月 1 日，第 17—21 页。

民族革命战争中的实施"。毛泽东强调：

> 我们的党从九一八事变开始，就提出了用民族自卫战争反抗日本侵略者的口号；后来又提出了与坚持了抗日民族统一战线，命令红军改编为抗日的国民革命军开赴前线作战，命令自己的党员站在抗日战争的最前线，为保卫祖国流最后一滴血。这些做法，这些爱国主义，一切都是正当的，应该的，必须的，正是国际主义在中国的发挥，一点也没有违背国际主义。只有政治上糊涂或别有用心的人，才会闭着眼睛瞎说我们的做法不对，瞎说我们抛弃了国际主义。①

这次会议通过的政治决议案，进一步明确了中国共产党在民族自卫战争中的角色："中国共产党是中华民族的一部分先进的儿女，以满腔热忱和无限英勇参加反抗日寇保卫祖国的事业，是真正无产阶级先锋队和国际主义战士应有的态度和必需的工作。"②

---

① 毛泽东：《论新阶段——抗日民族战争与抗日民族统一战线发展的新阶段》（1938 年 10 月 12—14 日），中共中央文献研究室、中央档案馆编：《建党以来重要文献选编（1921—1949）》第 15 册，北京：中央文献出版社 2011 年版，第 638 页。
② 《中共扩大的六届六中全会政治决议案》（1938 年 11 月 6 日），中共中央文献研究室、中央档案馆编：《建党以来重要文献选编（1921—1949）》第 15 册，第 762 页。

在全民族抗战的氛围下，如何将民族独立的目标与国际主义的理想相结合，是这一时期中国共产党人在理论层面思考的重点。1939 年，王稼祥在《关于三民主义与共产主义》一文中指出，"中国共产主义者承认三民主义为民族统一战线的纲领"，无产阶级和资产阶级在"打倒帝国主义，争取中国民族的独立"的方向上具有共性，但"殖民地、半殖民地的无产阶级根据马列主义的理论把爱国主义与国际主义联系起来，它在民族解放中的纲领与主张既是坚决彻底，没有民族妥协主义与民族侵略主义的任何成分，而对国内民族问题有彻底的主张和实践"。① 1941 年，周恩来在《民族至上与国家至上》一文中，详细解释了这两个口号的含义，他表示："中国民族主义与国际主义并不矛盾，也不冲突。国际主义者在中国必须坚决实行中国民族主义，才能使中华民族得到独立解放，走上国际舞台。同时，中国的民族主义者，必须同情和联合国际主义的运动，才能共同打倒国际帝国主义的统治，求得国际上真正的民族平等，中华民族的彻底解放"。② 1943 年 5 月 22 日，共产国际解散。面对社会舆论的质疑，中国共产党人积极回应。5 月 26 日，毛泽东在《关于共产国际解散问题的报告》中，肯定了共

---

① 王稼祥：《关于三民主义与共产主义》(1939 年 9 月 25 日)，中共中央文献研究室、中央档案馆编：《建党以来重要文献选编 (1921—1949)》第 16 册，北京：中央文献出版社 2011 年版，第 632—634 页。

② 周恩来：《民族至上与国家至上》(1941 年 6 月 15、22 日)，中共中央文献研究室、中央档案馆编：《建党以来重要文献选编 (1921—1949)》第 18 册，北京：中央文献出版社 2011 年版，第 413 页。

产国际对中国和世界革命的贡献，"现在需要的是加强各国民族
共产党，而无须这个国际的领导中心的必要了"；毛泽东强调，
"共产国际的解散，不是为了削弱各国共产党，而是为了加强各
国共产党，使各国共产党更加民族化，更加适应于反法西斯战
争的需要"。①

　　1945年4月23日—6月11日，中国共产党第七次全国代
表大会在延安召开，毛泽东在作大会总结时强调："在全世界无
产阶级联合起来这个国际主义的原则下，要学会自力更生，准
备没有援助。现在对中国共产党就是一个大考验，考验我们究
竟成熟了没有，有本事没有。国际无产阶级的援助一定要来
的，不然马克思主义就不灵了，不是只有外国援助我们，我们
也援助外国。二十四年来我们是国际无产阶级的一支队伍，我
们这个队伍的斗争就援助了外国无产阶级，也援助了苏联，国
际无产阶级也一定会援助我们的。"②中共七大颁布的《中国共
产党章程》，充分体现了无产阶级国际主义的精神："联合全世
界无产阶级、被压迫人民及一切以平等待我之民族，为解除外
国帝国主义对于中国民族的侵略，为肃清本国封建主义对于中
国人民大众的压迫，为建立独立、自由、民主、统一与富强的

---

① 毛泽东：《关于共产国际解散问题的报告》（1943年5月26日），中共中央文献
　研究室编：《毛泽东文集》第3卷，北京：人民出版社1996年版，第20、
　22页。
② 毛泽东：《在中国共产党第七次全国代表大会上的结论》（1945年5月31日），
　中共中央文献研究室、中央档案馆编：《建党以来重要文献选编（1921—
　1949）》第22册，北京：中央文献出版社2011年版，第504页。

各革命阶级联盟与各民族自由联合的新民主主义联邦共和国而奋斗，为实现世界的和平与进步而奋斗"。①

抗日战争胜利后，解放战争打响，两极格局初显，国际共产主义运动发生新的变化。1947—1948 年间，苏联和南斯拉夫两国的共产党之间的关系恶化。国民党方面不断发声，抨击"国际主义不过是苏联扩张的工具而已"，"共产国际于民族主义与国际主义的矛盾未能消弭"。② 对此，刘少奇在《群众》杂志上发表《论国际主义与民族主义》的长篇文章，试图对二者的关系予以详细阐释。全文共分六个部分。第一节批判了"资产阶级民族主义的民族观"："资产阶级民族主义即英文Nationalism（或译为国家主义）的民族观，即资产阶级对于民族的看法及其处理民族问题的纲领和政策，是根据它的阶级基础，从资产阶级一阶级的狭隘利益出发的"。第二节阐述了"无产阶级国际主义的民族观"："无产阶级的国际主义对于民族的看法，及其处理世界民族问题的基本原则，是从本国人民群众的根本利益出发，同时也是从全世界各民族的人民群众即全人类共同的根本利益出发"。第三、四、五节分别讨论了"世界压迫民族与被压迫民族的现状"、"目前世界的两大阵营

---

① 《中国共产党党章》（1945 年 6 月 11 日中国共产党第七次全国代表大会通过），中共中央文献研究室、中央档案馆编：《建党以来重要文献选编（1921—1949）》第 22 册，第 534 页。

② 《国际主义理论搞不通 陶希圣表演讲》，《中央日报》1948 年 8 月 5 日，第 2版；陶希圣：《国际主义与民族主义》，《军中文摘》创刊号，1948 年 10 月 10日，第 29—32 页。

与民族解放运动的道路"以及"资产阶级的民族主义在一定历史条件下的进步性与马克思列宁主义对于这种民族主义的态度"。 第六节得出了"各国人民大众的真正的爱国主义与无产阶级的国际主义,并不矛盾,而是相互结合的"这一结论。① 在刘少奇的论述中,国际主义不同于资产阶级民族主义,是无产阶级民族观的出发点和最终指向,真正的爱国主义与无产阶级国际主义并不矛盾,二者相互补充、相互融合。

简言之,在新民主主义革命时期,中国共产党人关于国际主义的理解不断深化。 在理论层面,他们坚持马克思列宁主义的原理,运用阶级分析的方法,强调爱国主义与国际主义的统一。 在实践层面,他们努力追求中华民族的独立和解放,中国革命的宝贵经验鼓舞了全世界被压迫民族和被压迫人民的斗争。

需要指出的是,革命时期传唱的《国际歌》歌词,既有瞿秋白修辞典雅、对仗工整的版本,不过更多是萧三、陈乔年相对质朴、近于白话文的译本。 1939 年 11 月 25 日,《八路军军政杂志》公布了重新修订的《国际歌》歌词,注有"1923 年夏萧三、陈乔年合译于莫斯科,1939 年十月革命纪念时萧三修改于延安"的字样。② 次年 1 月,《中国青年》杂志刊登了萧三撰

---

① 刘少奇:《论国际主义与民族主义》,《群众》第 2 卷第 45 期,1948 年 11 月 18 日,第 2—11 页。
② 《国际歌》,《八路军军政杂志》第 11 期,1939 年 11 月 25 日,第 90—91 页。

写的说明:"一九二三年夏,在莫斯科附近华西庆乐村苏维埃农场歇伏时,我和陈乔年同志在农事及学习之余,根据法文和俄文开始重新翻译一遍。国内这十多年来所唱的国际歌,就是我们那时候所译的",并表示在修改过程中得到了吕骥、冼星海、塞克等音乐家的帮助。① 中华人民共和国成立后,中共中央宣传部再次审定《国际歌》的歌词。 20 世纪 60 年代,国内外形势出现新的变化。 1962 年 4 月 28 日,《人民日报》公布了由中国音乐家协会、中央人民广播电台审定的《国际歌》歌词,特别强调音译"英特纳雄耐尔"意味着"国际共产主义的理想一定要在全世界实现"。② 同年 5 月,《人民文学》杂志发表了《蝶恋花·从汀州向长沙》等六首毛泽东诗词,"国际悲歌歌一曲"的感叹再次成为时代的主旋律。 可以说,在革命和建设的不同时期,《国际歌》的翻译和传唱,都是中国共产党人集体智慧的结晶和国际主义精神的凝练。

---

① 萧三:《国际歌歌辞修改说明》,《中国青年》第 2 卷第 3 期,1940 年 1 月 15 日,第 34 页。
② 《人民日报》1962 年 4 月 28 日,第 6 版。

第七章

国际纵队

位于北京的中国国家博物馆（原中国革命博物馆），收藏着一面丝绸、棉布质，红底黄字，蓝穗的锦旗，其上用中英文写道："中西人民联合起来！ 打倒人类公敌——法西斯蒂！"落款为"朱德、周恩来、彭德怀同赠"。 1938 年，这面代表中国共产党和八路军的锦旗，辗转送至正在西班牙战场上的中国共产党党员谢唯进手中，极大鼓舞了身处西班牙战场的中国战士。①

1936 年 7 月，西班牙军官弗朗西斯科·佛朗哥（Francisco Franco）发动军事政变，阴谋推翻共和制度。 10 月，来自 54 个国家的 4 万余名共产党员和进步人士，积极响应共产国际的号召，组成国际纵队（International Brigades），投身西班牙战场。 入伍时，每位战士都曾宣誓："我自愿来到这里，为了拯

---

① "朱德等赠给国际纵队中国支队的锦旗"（1938 年，纵 160 厘米，横 77 厘米，谢唯进），中国国家博物馆藏，https://www.chnmuseum.cn/zp/zpml/gmww/202112/t20211207_252678_wap.shtml，2024 年 5 月 4 日检索。

救西班牙和全世界的自由，如果需要，我将献出最后一滴血。"
然而，由于英、美、法的"中立"态度和德、意法西斯的暴力
干涉，在接近两年的浴血奋战后，国际纵队于 1938 年 9 月被迫
撤出西班牙。整个战争期间，约有 1 万余名国际纵队的战士牺
牲在西班牙的战场上，"他们以国际主义的模范行动实践了自己
的誓言"。①

一、 传递中国的声音

谢唯进，四川璧山人，1904 年出生（一说 1899 年）。② 自
幼家庭困窘，负债甚多。 幼年时，他曾在父亲创办的新式学堂
读书，而后举家搬迁至江津城内，父亲以开设照相馆兼修钟表
为业，母亲在鞋店补鞋。 1916 年，谢唯进随同族堂兄前往上
海求学，考入南洋中学，接触到进步思想。 1919 年五四运动
爆发后，他参加了上海学生联合会，参与策划罢课罢工罢市、
示威游行、抵制日货等行动。 10 月，谢唯进抵达法国马赛，同
批留法勤工俭学的学生有李富春、李维汉等人。

---

① 高梁：《"不准法西斯通过！"国际纵队在西班牙的壮丽史诗》，《人民日报》
　1995 年 8 月 30 日，第 7 版。
② 关于谢唯进生平，参见《谢唯进自传》（节选），《党史研究资料》1982 年第 8
　期，第 5—9 页；张至善编译《西班牙反法西斯战争时期的国际纵队与中国》，
　北京：北京大学出版社 2007 年版；中国国家博物馆编《中国勇士血洒西班牙：
　国际纵队中国志愿军史料集》，北京：紫禁城出版社 2008 年版；倪慧如、邹宁
　远《当世界年轻的时候：参加西班牙内战的中国人（1936—1939）》，桂林：广
　西师范大学出版社 2013 年版。

　　1920 年春，谢唯进转赴英国伦敦，考入约克哈罗特学校，参加军事训练班。 在此期间，他时常阅读有关俄国十月革命和英国工人运动的报纸，也常与附近的煤矿工人往来。 1922 年 9 月，谢唯进以"允常"为笔名，在旅欧中国少年共产党主办的《少年》杂志第 2 号发表长文《赤俄最近之经济状况》，驳斥了有关俄国经济情况的不实报道，坚决反对干涉苏维埃共和国。他在该文中指出：世人关于苏俄经济政策的理解，大多认为它是一种对抗资本主义的封锁政策，更有某些知识分子的批评讥笑之声。 具体来看，这篇文章可以分为两部分。 一方面，作者摘录了经济学者瓦伽（Eugen Varga）在论文《俄罗斯经济之恐慌》中提出的主要观点，介绍了造成苏俄近来经济恐慌的三大原因：其一，战前俄国的工农业生产状况已经相当腐败；其二，资本主义国家的外部封锁及其对俄国国内反革命势力的暗中支持；其三，"无产阶级专政"建立之初工农群众的不适应。瓦伽认为，前两大原因最为重要，第三点原因则可以减轻，"而为共产主义的实行者，为全世界无产阶级向光明路的朋友们的成绩，必不止如今天一样"。 由此，瓦伽谈及了俄国调整经济政策的方法和特点，肯定了国家在改善经济过程中可以发挥的重要作用。 另一方面，作者介绍了以法国为代表的协约国阵营在日内瓦会议和海牙会议期间对俄国的限制，进而表现出俄国为突破经济封锁所做的努力和取得的成绩。 他表示："虽然共产主义的道德，极足以维持赤俄朋友们在艰苦中的勇气，虽在实事方面，亦足以使苏维埃政府自信其经营之进步，并深知现

在是全世界的经济恐慌，其影响于俄国者，还不是十分重要，
而协约国方面内部的忧苦却比俄更深。"通过列举俄国在燃
料、金类、矿业等领域取得的进步，谢唯进重申"俄国自苏维
埃政府成立以来，劳农政府只有改善经济状况，促进生产的功
绩，他并不负使经济崩颓的责任，这个责任是当由前俄皇室和
现存万恶资本家政府与一般无聊的反革命党所负的"，号召被
蒙蔽的朋友们"围绕到红旗下来"，踏上共产主义的光明道
路。① 文中，谢唯进援引了来自共产国际刊物《国际新闻通
讯》、法国共产党机关刊物《人道报》以及 1922 年 7 月 24 日莫
斯科国民经济最高会议的报告，充分体现了他对马克思主义的
向往和对共产主义社会的信心。

1923 年春，谢唯进离开英国，前往德国，于 7 月进入哥廷
根大学数理系，后转入政治经济学系，并与朱德、孙炳文等留
学生相识。 在此期间，他积极阅读马克思和列宁的著作以及共
产国际的机关刊物，努力学习包括《共产主义 ABC》在内的苏
联读物。 1925 年 2 月，经孙炳文、董桂阳介绍，谢唯进加入中
国共产主义青年团旅欧支部，先后担任团支部委员和书记。 五
卅运动爆发后，谢唯进在德国积极开展宣传活动。 同年 11
月，他转入柏林洪堡大学政治经济学系读书，直至 1929 年
7 月。

---

① 允常:《赤俄最近之经济状况》,《少年》第 2 号，1922 年 9 月 1 日，第 23—
28 页。

  1926 年 1 月，谢唯进转为中国共产党党员，加入中共旅德支部。此后，宣传中国革命、加强与欧洲兄弟党的联络成为他的主要工作。2 月，谢唯进与欧洲各国共产党发起"世界反帝国主义大同盟"，并于次年 2 月以中国代表团成员的身份参加该组织在布鲁塞尔召开的成立大会。1927 年 4 月，谢唯进出席德国共产党在柏林体育宫召开的声援中国大革命、抗议帝国主义干涉中国的群众大会。作为中国共产党的代表，谢唯进在会上致辞，向德共领袖台尔曼（Ernst Thaelmann）献旗。1928 年起，谢唯进出任中国共产党旅德支部负责人。1928—1936 年间，他担任共产国际"国际通讯社"撰稿人，负责《国际新闻通讯》中有关中国革命运动的报道；1929—1933 年间，他兼任"中国工农通讯社"社长，负责用外文发行《中国工农通讯》；1932—1933 年间，他还兼任共产国际东方部主办的"中国通讯社"社长，负责出版《中国通讯》。前两份刊物的供稿对象是各国共产党，后一份刊物则面向民族党派和自由资产阶级。1933 年 3 月，为躲避德国纳粹主义者的躲避，谢唯进化名林济时，转往瑞士继续斗争。直至 1936 年西班牙战争爆发后，他接受共产国际和中共海外组织的委派，加入国际纵队进行战斗。

  20 世纪 20 年代末至 30 年代初，谢唯进"以笔做枪"，积极向海外宣传中国革命运动近况和成果。例如，1931 年 2 月 5 日出版的《国际新闻通讯》发表了他以"Chie Hua"为笔名写作的《蒋介石的"剿匪"与红军的反击》一文，文章标题上方

还印有"不要干涉中国苏维埃"的英文口号。 文章写道：自
1930 年 8 月红军攻占长沙之后，帝国主义者就集中一切力量针
对迅速发展的苏维埃运动，南京政府动员 20 多个师的兵力，在
江西、湖南、湖北、福建和安徽五省发起"剿共"运动，向苏
维埃地区实施轰炸、投放传单，并悬赏红军领导人。 对此，红
军组织激烈斗争，"正在建立一条抵抗反革命军事进攻的坚固阵
线"。 文章还写道，特别是苏维埃地区的土地革命运动，消磨
了蒋介石的好战情绪和战争企图，也迫使后者陷入严重的财政
危机。 然而，帝国主义者以"帮助恢复中国"为借口，向蒋介
石方面提供经济贷款和军事顾问，甚至抛出炮舰参与战斗。 故
而，文章结尾向全世界无产阶级发出呼吁："值此苏维埃战士和
中国红军正在与整个反革命阵线进行英勇斗争之际，国际无产
阶级的重要责任就是通过加强活动的方式，保卫中国的苏维埃
革命，使帝国主义的干涉计划化为乌有"。[1] 再如，1934 年 3
月 23 日出版的《国际新闻通讯》，刊发了谢唯进署名"Chie
Hua"的《满洲地区的民族革命解放斗争》一文。 文章写道：
日本帝国主义者正在满洲地区加紧殖民活动，扶植溥仪傀儡政
权，加强对苏联战争的军事准备和对劳动群众的剥削。 与此同
时，中国东北的军民掀起的反日活动，也遭到了日本的残酷镇
压，日本帝国主义者试图夺走人民手中的武器，解除民众自发

---

[1] Chie Hua, "Chiang Kai-shek's 'Campaign of Annihilation' and the Counter-
Offensive of the Red Army", *International Press Correspondence*, Vol. 11,
No. 5 (5th February 1931), pp. 93 – 94.

组织的武装力量，并加强进行"蛊惑人心的宣传，以此摧毁抗日斗争的基础"。 不过，"这种宣传是站不住脚的。 日本人很难用华丽的辞藻掩盖其野蛮劫掠的事实"，尽管地主阶级、资产阶级和封建主义者中的反革命分子投靠了日本帝国主义者，但中国共产党得到了广大农民群众的支持，满洲义勇军也提出了系统的战斗计划和明确的革命纲领。 文末，作者再次强调，中国共产党是东北人民的反帝抗日斗争的领导者和组织者，当地民众需要"准备好在苏维埃革命的领导下进行伟大的民族革命斗争，把中国群众从帝国主义者和本国资产家的枷锁下解放出来，粉碎日本帝国主义者在东方对苏联进行干涉战争的企图"。[1] 此外，谢唯进先后在 1936 年 6 月 20 日和 7 月 25 日发行的《国际新闻通讯》上发表《日本强盗进军中国南方》和《中国红军和反日联合阵线的奋斗》两篇文章，报道了日本侵略中国的行径，呼吁各界支持中国军民的奋勇斗争。

自五四运动以后离开中国、远涉重洋的谢唯进不仅心系祖国，而且承担起向世界宣传中国革命的重任。 他踏上了马克思主义的正确道路，积极学习和传播共产国际和中国共产党的指导思想，在中国革命与世界革命的相互沟通中发挥了重要的桥梁作用。

---

[1] Chie Hua, "The National Revolutionary Liberation Struggle in Manchuria", *International Press Correspondence*, Vol. 14, No. 19 (23th March 1934), pp. 498 - 499.

二、 橄榄桂冠的召唤

1936 年爆发的西班牙战争，成为凝结民族解放斗志和国际主义精神的阵地。 当年秋天，各国志愿军积极响应共产国际的号召，支援正义的反法西斯斗争。 10 月 14 日，国际纵队在阿尔巴塞特正式成立。 为了发扬革命传统，国际纵队各个分队常以本国杰出人物或重大历史事件命名，如法国"巴黎公社支队"，德国"台尔曼营"，意大利"加里波第旅"，匈牙利"拉克西支队"，美国"林肯支队"，苏联"夏伯阳支队"、"季米特洛夫支队"，等等。 中国共产党虽未直接派军参战，但侨居海外的数百名华侨华工，分散在国际纵队和西班牙共和国人民军的不同队伍中，承担了军事作战、物资运输和医疗救护等多项工作。

1936 年 10 月，谢唯进抵达西班牙，担任国际纵队反坦克炮队政委。 1936 年底，谢唯进参加了著名的马德里保卫战。1937 年 7 月，谢唯进参加中线大反攻作战，并随军转赴东部阿拉贡前线；8 月，他在肯托城战役中右腿负伤，经手术后重返战场。 1938 年 7 月，谢唯进参加埃布罗河战役，亲临前线部署作战；10 月 28 日，国际纵队接到撤出西班牙战场的命令，谢唯进随军抵达巴塞罗那，住院继续治疗腿伤。 1939 年 2 月，谢唯进随西班牙共和国人民军和国际纵队退入法国边境，被关押在地中海昂格勒斯集中营，4 月被转移至法国西南边境的居尔集中营，同年 10 月底获释。 在此期间，谢唯进写下 5 万余字的日记，成为其国际主义精神的有力证明。 例如，1939 年 3 月 30 日，在获悉法西斯军队于日前进入马德里和西班牙各大城市后，谢唯进在日记中写道：

> 西班牙人民自此遂降入法西斯与外国法西斯——德意帝国主义双层压迫之下。然而我们总相信不干[甘]为奴隶的西班牙人民，在英勇抗战失败之后，断不会永久忍受，今后将有卷土重来之一日。我们在西班牙与其人民协同作战长久，引起我们更多的回想，思念那里的民众与国土民情，回忆经验与教训。祖国抗战，更在反法西斯民族解放的国际斗争中负上加倍的责任。全世界之革命民众，更集中其视线与希望于中国奋战之人民。我们呢由西战场快转到东战场，加倍的努力来补尝[偿]西班牙人民现刻之损失，来加紧世界之解放斗争！①

西班牙战场上的中国战士虽然分散在不同支队，但他们关心彼此，互相帮助，展现了深厚的革命友谊。 例如，曾在法国巴黎雷诺汽车工厂做工的刘景天和张瑞书，1936 年 11 月—1938 年 11 月间参战，分别担任过共和国人民军第 45 师第 14

---

① 中国国家博物馆编：《中国勇士血洒西班牙：国际纵队中国志愿军史料集》，北京：紫禁城出版社 2008 年版，第 211 页。

纵队救护队队长、副队长，张瑞书还曾任第 13 营军需主任。
二人作战英勇，屡次受伤。 1937 年 4 月 5 日，中共中央在巴黎
出版的《救国时报》以《旅法华工刘张二君参加国际义勇军》
为题，刊登了二人写给法国朋友的信件，介绍了他们的事迹。
1937 年 9 月 25 日，马德里出版的 Estampa 杂志，选用张瑞书
的照片作为杂志封面。 再如，1937 年 7 月 25 日，《救国时报》
刊登美国华侨张纪（又名张缉）的来信，他在信中介绍了自己
加入国际纵队的经历，以及结识严家治和谢唯进的消息。《救
国时报》称赞道："张纪君及其他侨胞，不惮重洋跋涉，不顾生
命危险，和其他国家之反法西斯战士，并肩齐步，参加西班牙
国际义勇军，实足为我国人民同情与拥护西班牙人民之最好代
表"。① 1937 年 9 月 28 日，美国《先锋报》刊登美国华侨陈文
饶的来信，述及了他本人参加攻克贝尔奇特城战斗和受伤的情
况，表达了对中国人民抗日斗争的关注。《先锋报》赞许
道："陈君与其他参加西班牙人民政府军之华侨，为反对意
德法西斯侵略者，为伸张正义人道而流血奋斗，足为中华民
族争光。"②

　　中国战士的国际主义精神，极大鼓舞了西班牙人民的斗
争。 1938 年 2 月 26 日，西班牙共产党穆尔西亚省第二次代表

---

① 中国国家博物馆编：《中国勇士血洒西班牙：国际纵队中国志愿军史料集》，北
　京：紫禁城出版社 2008 年版，第 82 页。
② 中国国家博物馆编：《中国勇士血洒西班牙：国际纵队中国志愿军史料集》，第
　83 页。

大会召开，正在养伤的谢唯进向大会致贺信，介绍了西班牙人民阵线和中国抗日民族统一战线的相似性，分享了中国共产党的斗争经验，并坚信"西班牙和中国两个布尔什维克党是西班牙人民阵和中国全国阵线忠实的发起者、组织者和捍卫者，保证两国人民战胜国际法西斯主义"。① 养伤期间，谢唯进还与其他住院战友一道，向穆尔西亚城国际志愿军医院总基地附近的"鲁卡奇将军儿童园"捐款，补助战争遗孤，参与到筹集资金、寻找教师等工作之中。 1938 年底，谢唯进收到了西班牙儿童赠送的由各国语言编订而成的《国际纵队战斗歌曲集》，一位年仅 11 岁的战争孤儿在扉页写道："我们赠送这本国际纵队的歌曲给我们的中国同志作纪念，当我们正忍受着战争苦难的时候"。②

1938 年 10 月 28 日，西班牙女英雄伊巴露丽在欢送国际纵队的演说中动情地表示："请告诉他们，这些英雄们如何跨越高山大海，穿过枪尖林立的边境，躲开虎视眈眈的军犬，来到遭受德国和意大利法西斯威胁的西班牙，组成保卫自由的十字军，为西班牙的自由与独立奋斗牺牲。 ……我们不会忘记你们。 当代表和平的橄榄树枝重新发出绿芽，编结成西班牙共和

---

① 中国国家博物馆编：《中国勇士血洒西班牙：国际纵队中国志愿军史料集》，北京：紫禁城出版社 2008 年版，第 97 页。
② 中国国家博物馆编：《中国勇士血洒西班牙：国际纵队中国志愿军史料集》，第 100—106 页。

国胜利的桂冠时——请务必回来！"①1939 年 2 月，国际纵队数十万战士退入法国境内，被囚禁于集中营。 在极其艰苦的政治环境和生活条件下，中国战士正式组成"西班牙国际义勇军中国参战同志团"，谢唯进出任负责人。 在实际斗争中，中国战士与各国战士友好相处，团结斗争。 1939 年 5 月，中国志愿军在居尔集中营秘密出版西班牙文刊物《中国新闻》（*Noticias de China*），积极宣传中国的抗日战争情况。 至同年 9 月停办时，《中国新闻》共出版 13 期。 刊物主编由谢唯进担任，编辑委员会九名成员来自中国、西班牙、美国、巴拉圭、哥伦比亚、巴西、墨西哥和古巴等八个国家，封面印有国际纵队战士捍卫地球、反对德意日法西斯势力和中国地图。《中国新闻》第 12 期曾刊登过各国战友为刊物的捐款情况，来自意大利、罗马尼亚等十余个国家和地区的国际同志共为此刊募集了 550.9 法郎的资金支持。②

七七事变两周年之际，居尔集中营内 50 多国的国际志愿军组织秘密集会，谢唯进在会上介绍了中国抗战的情况，与会战士高唱《国际歌》。 在此前后，《中国新闻》刊登了西班牙、阿根廷、奥地利、波罗的海各国战友的多封信件，这些信件均对中国人民的正义斗争表示声援。 一些活动图片和报刊信件被巧

---

① 倪慧如、邹宁远：《当世界年轻的时候：参加西班牙内战的中国人（1936—1939）》，桂林：广西师范大学出版社 2013 年版，第 154 页。

② 中国国家博物馆编：《中国勇士血洒西班牙：国际纵队中国志愿军史料集》，北京：紫禁城出版社 2008 年版，第 114—116 页。

妙带出集中营，发表在全欧华侨抗日救国联合会出版的《祖国抗日情报》等刊物上，产生了积极的宣传效果。例如，《中国新闻》收到了一封来自妇女集中营的来信，其中写道："我们这群加泰罗尼亚姑娘们怀着极大的兴趣关注着你们祖国反侵略斗争"；"侵略者以及武力入侵我们亲爱的祖国，但是未能使我们灰心丧气，更未能使我们失去斗争勇气"；"在我们一边，你们有人民群众，相信国际法西斯不会达到其目的"。①

在集中营内，中国战士与各国战士一道，开展反饥饿、反虐待、反强制被送到非洲殖民地的斗争。1939年7月，西班牙战争爆发三周年之际，中国同志致信西班牙同志，表达了对西班牙战胜法西斯势力的决心："一切忠于自由、进步和正义理想的人，心中都有一个坚决的信念，相信西班牙人民一定会以自己的力量找到必要的力量，来结束外国法西斯对国家实行的可恨的殖民化，把西班牙还给西班牙人民；战胜反动势力，使西班牙成为自由、强盛、幸福的国家；同其他自由人民一起，切断东京—罗马—柏林匪帮企图奴役、掠夺全世界的道路"。1939年10月，经多方努力营救，包括谢唯进在内的中国战士得以获释。临行前，中国战士给集中营内的全体西班牙和国际纵队同志留下信件，表示"中国人民的斗争同我们在西班牙所

---

① 中国国家博物馆编：《中国勇士血洒西班牙：国际纵队中国志愿军史料集》，北京：紫禁城出版社2008年版，第117—124页。

进行的斗争是共同的事业"。① 很快，谢唯进等人带着各国战友赠送的木刻画纪念品和他们的良好祝愿启程回国，继续投身抗日战争。

1940年，谢唯进进入八路军重庆办事处，负责对外联络工作。 1946年，谢唯进作为中共代表团成员，随董必武抵达南京参加国共和谈，后被派往华中解放区，从事军事外交工作。1948年底，谢唯进被调入第四野战军特种兵部队，出任政治部副主任，参加了平津战役、解放武汉和江南地区的战役。 中华人民共和国成立后，谢唯进先后出任中央军委空军工程部政治委员、空军工程部副部长，获得"一级解放勋章"。 1965年，谢唯进获准离休，赴四川南充休养。 即使晚年受到不公正对待，但他始终相信党和人民，忠于无产阶级国际主义理想。1978年10月13日，谢唯进因病在北京逝世。 生前，他将自己保存的资料捐赠给原中国革命博物馆（今中国国家博物馆），这些资料与该馆同时收集到的其他相关文物共同成为国际纵队战士及其发扬国际主义精神的重要见证。

三、"保卫马德里"

西班牙战争牵动着远在万里之外的中国人民的目光。 1936

---

① 中国国家博物馆编：《中国勇士血洒西班牙：国际纵队中国志愿军史料集》，北京：紫禁城出版社2008年版，第125—144页。

年8月1日，由胡愈之等人创办的《世界知识》杂志第4卷第10号出刊，封面选用了知名美术家张谔创作的漫画《西班牙的斗牛场》，刊内发表的《西班牙人民阵线的试炼》一文，分析了战争爆发原因和西方各国态度，进而指出："西班牙人民大众现在遭遇着一个严重的试验，这不仅是西班牙人民自由和奴役的分歧，也就是全欧洲和平阵线和侵略阵线胜败的关键之一"。① 1936—1939年间，《世界知识》刊登了近70篇文章，持续报道西班牙战争的进展。 同在上海发行的左翼刊物《译文》，于1937年4月16日出版"西班牙专号"，刊登了15篇有关西班牙战争的各国文学作品，向国内读者呈现了战争的实际情况。

在中国大地上，来自西班牙战场的"不许法西斯通过"（No Pasaran）的口号和《保卫马德里之歌》（*Coplas por la Defensa de Madrid*）迅速产生回响。 1936年秋，由麦新作词、吕骥作曲的《保卫马德里》问世，经由上海世界语学会译成多种文字，被广大革命青年传唱。《保卫马德里》的歌词写道：

> 拿起爆烈的手榴弹，
> 对准杀人放火的弗朗哥。
> 起来！起来！

---

① 《西班牙人民阵线的试炼》，《世界知识》第4卷第10号，1936年8月1日，第506—507页。

全西班牙的人民，

为了你们祖国的自由和独立，

快加入为和平而战的阵线。

起来！起来！

向卖国的走狗们，

作决死的斗争！

保卫马德里，

保卫全世界的和平！①

革命斗争的精神可以跨越国家、民族、语言等种种限制，
"保卫马德里"的热情也鼓舞了中国人民的抗日决心。 1937 年
五四运动纪念日之际，北平师范大学新旧学联围绕演唱《保卫
马德里》产生激烈争论，身在现场的陶希圣指责革命青年主导
的"旧学联"："唱国际歌可以，唱共党党歌可以，惟有唱马德
里保卫曲不行！ 我们自己无法保卫自己，还能去保卫别
人？"②相对保守的"新学联"支持者也表示："所可怪的，马
德里是西班牙的都城，我们保护的是什样劲呢？ 连自己的东四
省及外蒙可都保卫不住，还替人家的国家呐喊，这是何所用
意？ 保卫马德里歌，是苏俄高唱的，共产党徒所奉令歌唱的。

---

① 《保卫马德里》歌词原载于《现世界》第 2 卷第 2 期，《月报》1937 年第 1 卷第
4 期，全诗共 2 段。 此处摘录的歌词选自解放军歌曲选集编辑部编《抗日战争
歌曲选集》第一集，北京：中国青年出版社 1957 年版，第 72 页。
② 动武：《陶希圣先生的热情》，《大美晚报》1937 年 6 月 28 日，第 3 版。

旧学联若表示他代表共产党耶？便不必扭扭怩怩的喊保卫马德里，何不高唱国际歌呢？"①对于类似批评，左翼文学家聂绀弩回应道：中国人能够理解西班牙面临的亡国危机，中西两国"同是受着世界法西〔斯〕主义底压迫；不过压迫西班牙的是德意两国，而压迫中国的则是日本罢了"；"反对唱玛德里保卫曲，总要不被误会为可以默许唱《玛德里进攻曲》才好"。②

如果站在狭隘的民族主义立场，自然无法认识到国际纵队加入西班牙战争的重要意义。只有坚持无产阶级国际主义的观点，才能理解"保卫马德里"之于中国革命的关键影响。1937年夏天，在延安举行的声援西班牙人民的游行活动中，人们高唱《保卫马德里》，举着"不许法西斯通过！"的西班牙语标语。据说，这幅标语是由正在陕北访问的美国女记者海伦·斯诺（Helen Snow）写下的。③劳伦·斯诺的丈夫埃德加·斯诺（Edgar Snow）则在《西行漫记》一书中写道："说明他们的国际主义精神的一个例子是，他们对西班牙内战的发展极其关心。报上发表的公报张贴在村苏维埃的会议室，也向前线部队宣读。政治部对西班牙战争的起因和意义作了专门的报告，把西班牙的'人民阵线'和中国的'统一战线'作了对比。另外

---

① 然：《新旧学联火拼》，《文艺战线》第5卷第12期，1937年9月15日，第5—6页。

② 绀弩：《马德里曲可不可唱？》，《自修大学》第1卷第13号，1937年7月17日，第233—236页。

③ 倪慧如、邹宁远：《当世界年轻的时候：参加西班牙内战的中国人（1936—1939）》，桂林：广西师范大学出版社2013年版，第165页。

还举行了群众大会，进行了示威，鼓励大家进行讨论。有时甚至在穷乡僻壤之间，你也能发现红色农民们也知道一些像意大利征服阿比西尼亚和德、意'侵略'西班牙这样的基本事实，说这两个国家是他们敌人日本的'法西斯盟国'！这不免相当令人惊异。尽管地理上处于与世隔绝的状态，但是这些乡下佬由于无线电消息、墙报和共产党的报告和宣传，对世界政治的那一方面情况，现在比中国任何其他地方的农村居民了解的都要多得多。"①

中国共产党高度重视西班牙战争的进程及其国际影响。1937年3月13日，朱德以"中国人民抗日红军总司令"的名义向西班牙军民致公开信，盛赞西班牙军民的英勇斗争精神，"你们是世界劳动大众反对法西斯的先锋队，你们的战争不只为西班牙人民的解放，同时也是为了世界和平。你们的胜利也是我们的胜利，因为我们与你们是有着一个共同的敌人——国际法西斯主义"；进而表示国际纵队的精神感染了中国人民，"每个中国的工人农民，每个中国的红军战士都深刻地了解西班牙战争是富有国际意义的战争。你们的胜利将会给国际法西斯以致命的打击"。② 1937年5月1日出版的《解放周刊》第1卷第2期发表了朱德撰写的《论西班牙战争》一文，一方面呼吁向

① ［美］埃德加·斯诺：《西行漫记》，上海：东方出版社2005年版，第384—385页。
② 张至善编译：《西班牙反法西斯战争时期的国际纵队与中国》，北京：北京大学出版社2007年版，第39—40页。

西班牙人民提供更多援助,"虽然西班牙人民已经得到全世界所有进步的国家势力的援助:但这援助还必须再提到更高度。唯有在国际范围内发动广大群众对西班牙人民的援助,西班牙共和国才能更巩固,而胜利才能有保障";另一方面号召中国人民学习西班牙的经验:"援助西班牙人民,援助他们直至得到胜利,这同时是为着我们中华民族解放的胜利。因为西班牙人民的胜利,不仅是对德意法西斯的打击,而且同时也是对我们中国四万万九千万人民的公敌——日本帝国主义的打击。"①此外,同期杂志还刊登了西班牙共产党《告西班牙全体人民与一切尊重和平、进步与自由的人民》宣言的译文。1937年7月12日出版的《解放周刊》第1卷第10期"西班牙专号",封面选用了西班牙战况的地图,刊登了四则时评和《到胜利的途程》《西班牙革命的社会经济背景》《西班牙革命斗争与中国抗日运动》《西班牙人民反法西斯蒂武装斗争的一周年》四篇长文、木刻画《在玛德里》以及黄华创作的报告文学《在西班牙的国际纵队》等作品。黄华动情地写道:"一万余的国际纵队,在西班牙的战争中并不是如何巨大的兵力。他的重大的意义,在于他们是国际人民阵线的军队。在他之背后,全世界广大的人民团结巩固,为了保卫自由进步,反对法西斯毁灭文明

---

① 朱德:《论西班牙战争》,《解放周刊》第1卷第2期,1937年5月1日,第16—19页。

的阴谋而斗争着。"①在该期专题文章之前,《解放周刊》还刊登了 7 月 8 日《中国共产党为日军进攻卢沟桥通电》和红军将领致蒋介石、宋哲元等人的电文。

在全民族抗战的背景下,毛泽东强调发扬国际主义精神在西班牙战争和中国抗日战争中的重要性。 1937 年 5 月 15 日,毛泽东向西班牙人民致公开信,他指出:"我们中国共产党,中国红军和中国苏维埃认为西班牙政府现在所领导的战争是世界上最神圣的战争。 这个战争不只是为了西班牙民族的生命,也是为了全世界被压迫的民族而战,因为西班牙政府是在抵抗破坏世界文明文化和人类正义的德意法西斯及西班牙的卖国贼们";毛泽东向"为了西班牙的民主制度而斗争的英勇男女们"表达敬意,"通过他们,全世界被压迫的民族表示了无限的团结友爱的精神"。② 1937 年 8 月 25 日,中共中央政治局扩大会议通过了毛泽东起草的宣传提纲《为动员一切力量争取抗战胜利而斗争》,其中说道:"为了挽救祖国的危亡,抵御强寇的进攻,保卫华北和沿海,收复平津和东北,全国人民和国民党当局必须深切地认识东北平津丧失的教训,认识阿比西尼亚亡国的覆辙,认识苏联过去战胜外敌的历史,认识西班牙现在胜利

---

① 黄华:《在西班牙的国际纵队》,《解放周刊》第 1 卷第 10 期,1937 年 7 月 12 日,第 37 页。
② 张至善编译:《西班牙反法西斯战争时期的国际纵队与中国》,北京:北京大学出版社 2007 年版,第 37—38 页。

地保卫马德里的经验，坚固地团结起来，为保卫祖国而作战到底。"①

毛泽东重视将"保卫马德里"的实际经验运用到中国人民的抗日斗争之中。1938年5月26日—6月3日，毛泽东在延安抗日战争研究会上发表演讲，即著名的《论持久战》。毛泽东指出：

> 当此保卫武汉等地成为紧急任务之时，发动全军全民的全部积极性来支持战争，是十分严重的任务。保卫武汉等地的任务，毫无疑义必须认真地提出和执行。然而究竟能否确定地保卫不失，不决定于主观的愿望，而决定于具体的条件。政治上动员全军全民起来奋斗，是最重要的具体的条件之一。不努力于争取一切必要的条件，甚至必要条件有一不备，势必重蹈南京等地失陷之覆辙。中国的马德里在什么地方，看什么地方具备马德里的条件。过去是没有过一个马德里的，今后应该争取几个，然而全看条件如何。条件中的最基本条件，是全军全民的广大的政治动员。②

---

① 毛泽东：《为动员一切力量争取抗战胜利而斗争》（1937年8月25日），《毛泽东选集》第2卷，北京：人民出版社1991年版，第353页。
② 毛泽东：《论持久战》（1938年5月），《毛泽东选集》第2卷，北京：人民出版社1991年版，第512—513页。

在其看来，保卫武汉就是保卫"中国的马德里"，有必要进行"全军全面的广大的政治动员"。1938年7月15日出版的《解放》第45期刊登了身处武汉前线的中共中央长江局同志的文章，坚定表示"我们今天具有保卫武汉的一切可能条件"，"武汉工人和中国军队也能够像西班牙兄弟一样：'人民个个做勇士，战士个个做英雄！'"。① 此外，同期《解放》杂志还设有"西班牙反侵略战争二周年特辑"，刊登了《中共中央致西班牙人民电》《西班牙反侵略战争的两周年》《西班牙共产党总书记狄亚茨的生平》等文章。1938年6—10月间，国民党方面参与的武汉会战虽以失败告终，但粉碎了日本速战速决的战略企图，极大消耗了侵华日军的军事力量，抗日战争由此进入相持阶段。

国际纵队被迫撤离西班牙后，中国人民予以了极大同情和高度赞许。1939年3月28日出版的《解放》杂志第67期刊登了《欧美十六国共产党号召实际援助西班牙共和国政府宣言》和延安三八国际妇女节大会致西班牙妇女电文，其中写道："我们和全中国英勇反抗日本法西斯强盗的同盟始终与你们站在一条战线上，为世界和平正义而奋斗到底"。② 乔冠华以"乔木"为笔名在《世界知识》杂志上发表纪念文章："不要为玛德里哭泣，请把你们的眼泪，洒向巴黎和伦敦去吧！玛德里是永生的，它活

① 陈绍禹、周恩来、秦博古：《我们对于保卫武汉与第三期抗战问题底意见》，《解放》第45期，1938年7月15日，第7—8页。
②《解放》第67期，1939年3月20日，第1—2、37页。

在现在与未来为民主而斗争的一代的伟大的心中。"①西班牙战场上留下的遗憾，将继续鼓舞中国人民的革命斗争。

如前文所述，马克思主义者认为，民族解放斗争与国际主义理想具有相辅相成的关系。以谢唯进为代表的中国战士，积极参加国际纵队，捍卫西班牙的民族独立。"保卫马德里"的呐喊也在中国人民的革命斗争中产生回响，不仅影响到抗日战争期间涌现出的一大批文学作品，而且毛泽东在1946年四平保卫战期间还有"把长春变为马德里""化四平街为马德里"的指示。②当然，走下西班牙战场的各国医务人员也组成国际援华医疗队，在宋庆龄领导的"保卫中国同盟"的帮助下陆续抵达中国，并在贵州、湖北、湖南、陕西、云南等数十个省份从事医疗救助工作。例如，印尼华侨毕道文来到陕北后，进入延安中央医院工作。1941年10月26日，毕道文作为发起人和各民族代表之一，以国际纵队成员的身份在东方反法西斯大会上发言，"号召大家以国际主义的精神，来献身于全人类反法西斯的解放事业"。③这些医生国籍不同，经历各异，但他们技术精湛，工作热情，为中华民族的独立与解放作出了重大贡献，甚至付出了生命的代价。

---

① 乔木：《是谁打进玛德里的？——纪念西班牙战争三周年》，《世界知识》第9卷第10期，1939年7月16日，第313页。
② 中共中央党史和文献研究院编：《毛泽东年谱》第3卷，北京：中央文献出版社2023年版，第71—74页。
③ 《东方反法西斯大会第三日，日、鲜、荷印代表报告，吴玉章同志号召消除民族偏见》，《解放日报》1941年10月29日，第2版。

第八章

国际主义战士

1981 年 6 月 27 日,中国共产党第十一届六中全会审议通过了《关于建国以来党的若干历史问题的决议》。 决议指出,建国三十二年来,中国在国际舞台上取得了诸多成就:"我们坚持无产阶级国际主义,发展同各国人民的友谊,支持和援助被压迫民族的解放事业、新独立国家的建设事业和各国人民的正义斗争,坚决反对帝国主义、霸权主义、殖民主义和种族主义,维护世界和平,在国际事务中发挥着越来越重大的积极作用。"①

同年 7 月 1 日,时任中国共产党中央委员会主席胡耀邦在庆祝中国共产党成立六十周年大会上发表讲话,向所有革命先烈表示深切悼念,其中包括"中国人民的亲密朋友、杰出的国际主义战士白求恩、史沫特莱、斯特朗、柯棣华等同志和斯

① 《关于建国以来党的若干历史问题的决议》,《人民日报》1981 年 7 月 1 日,第 1—5 版。

诺、浅沼稻次郎、中岛健藏等先生"；并号召"我们要永远坚持国际主义，同全世界无产阶级和人民大众同呼吸共命运"。① 胡耀邦提到的这些国际友人，虽然来自不同的国家，从事不同的职业，但是，他们怀揣着共同的国际主义理想，为中国革命的事业作出了突出贡献。而在这些国际主义战士之中，最突出的代表当属加拿大外科医生白求恩（Norman Bethune）。

一、"手术刀就是武器"

1890 年 3 月 3 日，白求恩出生于加拿大安大略省格雷文赫斯特镇。他的祖父是当地著名的外科医生，父亲是长老会牧师，母亲也是虔诚的基督教徒。白求恩的家庭生活拮据，幼年随父母辗转异乡的经历使其养成了一种情结："他不属于任何地方。外乡人的身份使得他总是用质疑周遭一切的态度来证明自己的价值，用与众不同的见解给他人留下深刻印象。"②

1909 年秋，白求恩进入多伦多大学，学习生物物理学和生物化学。大二结束后，他申请推迟入学，来到偏远的阿尔戈马区营地做工，并利用休息时间向工友教书。1912 年秋，白求

---

① 胡耀邦：《在中国共产党成立六十周年大会上的讲话》，《人民日报》1981 年 7 月 1 日，第 1—3 版。
② ［加拿大］罗德里克·斯图尔特、［加拿大］莎朗·斯图尔特：《不死鸟：诺尔曼·白求恩的一生》，柳青译，北京：中国青年出版社 2013 年版，第 20 页。

恩复学，进入多伦多大学医学院。 第一次世界大战爆发后，白
求恩应征入伍，先在英国接受短期培训，后在法国前线服役。
1915年4月，白求恩在比利时战场负伤，愈后身体状况不佳，
于11月退伍返回加拿大，进入多伦多大学医学院速成班。
1916年12月，白求恩毕业，获得医学学士学位，学校年鉴内白
求恩照片的下方写着："死亡是必然的，但日期并不确定，意志
可能会获得重生"。① 1917年春，白求恩再次入伍，参加英国
皇家海军，担任上尉军医。 1918年冬，他在军舰上感染"西班
牙大流感"，病情一度非常严重。 1919年2月，白求恩退伍，
进入伦敦大奥蒙街儿童医院实习。 战争期间，白求恩在给朋友
的信中写道："这场屠杀已经开始使我感到震骇了。 我已经开
始怀疑这是不是值得。 在医疗队里，我看不到战争的光荣，只
看到战争的破坏。"战争结束后，白求恩和朋友们坐在巴黎的
一间小酒馆，他们感受到的不是战争胜利的喜悦，而是青春流
逝和不知所措。②

　　1919年秋，白求恩返回加拿大，在各地行医并加入新组建
的加拿大空军。 1920年10月，白求恩退伍回到伦敦；1922年
2月，他被录取为英格兰皇家外科医学会会员，任西伦敦医院
外科医师。 1923年8月，白求恩结婚，游历西欧各国后回到加

① ［加拿大］罗德里克·斯图尔特、［加拿大］莎朗·斯图尔特：《不死鸟：诺尔曼·白求恩的一生》，柳青译，北京：中国青年出版社2013年版，第42页。
② ［加拿大］泰德·阿兰、［加拿大］塞德奈·戈登：《手术刀就是武器：白求恩传》，巫宇坤译，上海：上海文艺出版社2005年版，第18—19页。

拿大，并于 1924 年迁居美国底特律。 1926 年，白求恩感染肺结核，面对婚姻危机和患病后的绝望情绪，他不断思考："从现在起，不管还能活多久，我都会去做一些对人类有益的事情，一些伟大的事情。"①1927 年底，白求恩病愈出院，返回加拿大蒙特利尔，成为麦吉尔大学维多利亚皇家医院外科主任的第一助手。 在此期间，白求恩致力于肺结核研究，发明和改进多种医疗器械，发表多篇学术论文。 1933 年，白求恩出任蒙特利尔市北卡第维尔斯圣心医院胸外科主任，受聘为加拿大联邦和地方政府卫生部门的顾问。 1935 年，白求恩当选美国胸外科学会会员、理事。

1935 年 8 月，白求恩前往苏联参加国际生理学大会。 10 月 20 日，白求恩在蒙特利尔"苏联之友"协会发表演讲，盛赞苏联的医疗制度。 他借用美国作家卡罗尔《艾丽斯漫游仙境》中虚拟的国名"镜中国"指代苏联，小说中的不同角色指代列宁、斯大林等人，称颂"俄国今天代表着从基督教改革运动以来世界上最令人振奋的壮观，代表着人类进化的、新生的和英勇的精神"，继而表示"否认这一点就是否认我们对人类的信念——那就是不可原谅的罪恶和最终的背叛"。② 1935 年 11 月，白求恩加入加拿大共产党。 1936 年 4 月 17 日，他在蒙特

① ［加拿大］罗德里克·斯图尔特、［加拿大］莎朗·斯图尔特：《不死鸟：诺尔曼·白求恩的一生》，柳青译，北京：中国青年出版社 2013 年版，第 85 页。
② 《访问"镜中国"有感》，人民出版社编：《纪念白求恩》，北京：人民出版社 1979 年版，第 27—29 页。

利尔内外科学会举办的讨论月会发言，驳斥与会者反对社会化医疗的主张，其中提到当今世界存在两种相互竞争的人："一种是那些相信为了生存必须进行残酷斗争的旧的个人主义者；另一种是那些相信为了使大家都生活得好一些，就必须进行共同努力的人们"。①

白求恩不仅在思想上逐步向马克思主义靠拢，而且在实践中积极投身国际共产主义运动。 西班牙内战爆发后，白求恩辞去一切职务，准备投身反法西斯斗争。 1936 年 10 月 21 日，西班牙民主声援会在多伦多举行，与会代表身披西班牙国旗红、黄、紫三色缎带，高唱《国际歌》，赞扬白求恩的壮举。 白求恩在发言中表示："我之所以站在这里，是因为我信仰民主，医生在传统意义上就是一个人道主义者，要义不容辞地去帮助那些有需要的人。"临行前，白求恩半开玩笑半认真地写下了自己的座右铭——"生是资产阶级，死为共产主义"。② 1936 年 11 月 3 日，白求恩抵达马德里，他多方筹措，购买物资，组织成立西班牙加拿大输血服务站，提供战地救助。 1937 年 6 月 14 日，白求恩返抵多伦多，在加拿大和美国开展巡回演讲，广泛募集捐款。 由于信仰问题，无法回到西班牙的白求恩也难以在加拿大找到工作。 困顿之际，他读到史沫特莱所写的《中国

---

① 《从医疗事业中清除私利》，人民出版社编：《纪念白求恩》，北京：人民出版社 1979 年版，第 34 页。

② ［加拿大］罗德里克·斯图尔特、［加拿大］莎朗·斯图尔特：《不死鸟：诺尔曼·白求恩的一生》，柳青译，北京：中国青年出版社 2013 年版，第 172—173 页。

红军在前进》一书，加拿大和美国共产党派出援华医疗队的决定也使其为之一振。白求恩激动地表示："我只有一个条件，如果我回不来了，你们要让世人知道诺尔曼·白求恩是以一个共产党员的身份牺牲的。"①

1938 年 1 月 8 日，白求恩率领医疗队自温哥华启程，经香港、武汉、郑州、临汾、西安等地后，于 3 月底到达延安。在延安停留期间，白求恩走访各处，受到热烈欢迎，并得到毛泽东的接见。白求恩在日记中写道："我现在明白为什么毛泽东同志那样感动每一个和他见面的人。这是一个巨人！他是我们世界最伟大的人物之一"；"虽然延安是全中国最古老的城市，我立刻觉出它是管理得最好的一个城市。在汉口我所能看到的是一片混乱，和优柔寡断、昏庸无能的官僚政治的种种令人灰心的现象。而延安的行政部门却表现出有信心和有目的"。② 与他一同来华的护士琼·尤恩（Jean Ewen）也回忆道："白求恩大夫坚信只有马克思主义能让人们具有同情心、忠诚和责任感。从他给伤病员看病的过程中就可以看出来他是一个有献身精神、致力为全人类服务的人。白求恩大夫不仅是医生，而且是作家、艺术家和科学家。"③

---

① ［加拿大］罗德里克·斯图尔特、［加拿大］莎朗·斯图尔特：《不死鸟：诺尔曼·白求恩的一生》，柳青译，北京：中国青年出版社 2013 年版，第 263 页。
② 中国青年出版社编：《伟大的国际主义战士白求恩》，北京：中国青年出版社 1965 年版，第 158 页。
③ ［加拿大］琼·尤恩：《白求恩随行护士自述：1932—1939》，朱雁芳译，北京：北京出版社 2015 年版，第 73 页。

1938年5月1日，白求恩启程前往晋察冀军区。抵达山西省五台县后，白求恩受聘担任军区卫生顾问，倡议建立"模范医院"，组织开展"五星期运动"。9月15日，"模范医院"在松岩口村落成，军区司令员聂荣臻和两千余名各界群众出席开幕典礼，白求恩发表了热情洋溢的演讲：

> 千百万爱好自由的加拿大人、美国人和英国人的眼睛都遥望着东方，怀着钦佩的心情注视着正在与日本帝国主义进行着光荣的斗争的中国。这个医院的设备是你们的外国同志所提供的。我被派来作他们的代表，我感到无上的光荣。你们不要以为奇怪，为什么在三万里以外地球那一边和你们一样的人要帮助你们。你们和我们都是国际主义者；没有任何种族、肤色、语言、国界能把我们分开。日本和战争贩子们在威胁世界和平。我们必须击败他们。他们正在阻碍人类向社会主义社会前进的伟大的历史性的进步运动。正因为加拿大、美国和英国的工人以及抱着同情的自由主义者明白这一点，所以他们现在帮助中国来保卫这个美丽可爱的国家。[1]

白求恩因"国际主义者"的身份而备感自豪，号召各国无

---

[1] 《在晋察冀军区模范医院开幕典礼上的讲话》，人民出版社编：《纪念白求恩》，北京：人民出版社1979年版，第36页。

产阶级投身于保卫中国的事业之中。 据不完全统计,1938年
11月,白求恩曾连续工作40小时,主持手术71台;1939年
2—6月,他辗转冀中地区,行程1500余里,承担大型手术315
次;1939年夏,白求恩根据中国战地实际经验,编写《游击战
争中师野战医院的组织和技术》一书,配有上百幅插图,书稿
译成中文约14万字,为八路军医务工作者提供了极大帮助。
在极其艰苦的条件下,白求恩带病连续工作,因败血症不治,
于1939年11月12日凌晨在河北省唐县黄石口村逝世。[①]

白求恩在华虽不过两年,却与中国军民结下了深厚友谊。
他在1938年9月13日的日记中写道:

我很累,可是我想我有好久没有这样快乐了。我很满
足,我正在做我所要做的事情。而且请瞧瞧,我的财富包括
些什么!我有重要的工作;我把每分钟的时间都占据了。
这里需要我。

我没有钱,也不需要钱,可是我万分幸运,能够来到这
些人中间,在他们中间工作。对于他们,共产主义是一种生
活方式,而不是说一套或想一套。他们的共产主义是又简
单,又深刻,象膝关节颤动一样的反射动作,象肺呼吸一样
用不着思索,象心脏跳动一样完全出于自动。他们的仇恨

---

① 人民出版社编:《纪念白求恩》,北京:人民出版社1979年版,第277—
278页。

是不共戴天的,他们的爱能包容全世界。

　　还说什么不懂感情的中国人！在这里我找到了最富于人性的同志们。他们遭遇过残酷,可是懂得什么是仁慈;他们尝受过苦痛,可是知道怎么笑;他们受过无穷的苦难,可是依旧保持着他们的耐性、乐观精神和静谧的智慧。我已经爱上他们了;我知道他们也爱我。①

　　他曾在给加拿大友人的通信中,言及自己对中国同志的欣赏:"他们的共产主义简单而又深刻,其自然合拍一如膝骨之运动,肺脏之呼吸,心脏之搏动。这里能找到人们称为共产主义领导阶层的同志——布尔什维克。沉着、稳重、英明、有耐心;具有不可动摇的乐观主义精神;温雅而又无情;爱憎兼有,大公无私,意志坚定;忿恨时绝不宽赦,而仁爱的胸襟却又坦荡荡足以容纳下整个世界。"②生命的最后一刻,白求恩将遗书留给了晋察冀军区司令员聂荣臻,他在绝笔中写道:"最近两年是我生平最愉快、最有意义的时日";"让我把千百倍的谢忱送给你,和其余千百万亲爱的同志!"③在共产主义信仰和国际主义精神的指引下,白求恩以手术刀作为武器,献身于捍卫中华民族的事业。

------

① 人民出版社编:《纪念白求恩》,北京:人民出版社 1979 年版,第 120 页。
② 人民出版社编:《纪念白求恩》,第 126—127 页。
③ 人民出版社编:《纪念白求恩》,第 141 页。

二、《纪念白求恩》前后

白求恩逝世后，中国共产党和各界群众表示沉痛哀悼和隆重纪念。1939 年 11 月 17 日，晋察冀军区为白求恩举行葬礼。11 月 21 日，晋察冀军区举行白求恩追悼大会，中共中央致唁电表示哀悼："加拿大共产党员白求恩同志，不远万里来华参战，在晋察冀边区八路军服务两年，其牺牲精神，其工作热忱，其责任心，均称模范"；"白求恩同志的这种国际主义的精神，值得中国共产党全体党员的学习，值得中华民国全体人民的尊敬"。与此同时，延安各界以滕代远、饶锡正、马德海等八人组成的追悼白求恩大夫筹备会，于 23 日召开第一次会议。①

11 月 23 日，中国共产党中央委员会致电加拿大共产党中央委员会并转白求恩家属，"悼念白医师为世界人类解放事业与对中国抗战的伟大贡献，表示深切的敬意"。同日，朱德和彭德怀以国民革命军第十八集团军总司令、副司令的名义致电加美援华委员会并转白求恩家属，痛感白求恩的逝世"不仅我国抗战之一大损失，亦世界人类解放事业之大损失"。② 11 月 25

① 《万里来华参战的国际友人白求恩大夫逝世　中共中央致电吊唁　本市筹备开会追悼》，《新中华报》1939 年 11 月 25 日，第 3 版。
② 《中共中央电慰白求恩同志家属》《朱彭总副司令电慰白求恩家属》，《新中华报》1939 年 12 月 2 日，第 3 版。

日，中共中央机关报《新中华报》整版刊发在华外籍医生马海德（Shafick George Hatem）和记者郁文撰写的两篇纪念文章，称赞白求恩的国际主义精神。①

12月1日，延安各界举行追悼白求恩追悼大会，主席台摆放着毛泽东题写的挽词："学习白求恩同志的国际精神，学习他的牺牲精神，责任心与工作热忱"。 会议在雄壮的《国际歌》声中开始，主席滕代远介绍了开会的意义，吴玉章、王稼祥、陈云和晋察冀边区代表、各界代表先后发言，号召学习白求恩的国际主义精神；大会一致通过致白求恩家属的慰问电，其中称赞白求恩"为中华民族与世界人类之解放事业而奋斗之伟大的国际主义精神，深为敝国人民之钦仰与赞慕"。② 12月2日，《新中华报》刊发《白求恩同志给聂司令等的信》；12月30日出版的《解放》杂志设有"纪念我们的国际友人——白求恩同志"专栏，也收录了上述提及的部分电文和纪念文章。③

在抗日战争的烽火和纪念白求恩的氛围中，国际主义精神是一个重要的标识性符号，鼓舞着中国军民的战斗热情。 1940年，八路军政治部、卫生部联合编印的《诺尔曼·白求恩纪念

---

① 马海德：《纪念诺尔曼·白求恩博士》、郁文：《一颗救星的陨落》，《新中华报》1939 年 11 月 29 日，第 4 版。

② 《延安追悼白求恩大夫筹备会电白求恩家属慰问》，《新中华报》1939 年 12 月 2 日，第 3 版；《本市各界人士沉痛追悼白求恩 吴玉章王稼祥陈云等同志勖勉大家学习白求恩同志的国际主义精神》，《新中华报》1939 年 12 月 6 日，第 3 版。

③ 《解放》第 93 期，1939 年 12 月 30 日，第 26—31 页。

册》，收录了毛泽东于 1939 年 12 月 21 日撰写的《学习白求恩》、朱德撰写的《追悼白求恩同志》等纪念文章、白求恩遗稿和各界唁电，纪念册扉页还印有王稼祥的亲笔题词："纪念白求恩同志，应遵照他的指示，为改进八路军医药事业而斗争"。① 同年 4 月，晋察冀军区在河北省唐县军城南关修建的白求恩同志墓落成。 与此同时，晋察冀军区决定将军区卫生学校和附属医院改名为"白求恩卫生学校"。 1942 年 11 月 13日，白求恩逝世三周年之际，《解放日报》刊登朱德撰写的《纪念白求恩同志》一文，赞许"白求恩同志是真正充满着共产主义国际主义精神的优秀党员，从他身上，表现了共产党人的高尚纯朴的品质"；称誉"白求恩同志是富于国际主义精神的模范。 他清楚的知道，无产阶级如果不能解放一切劳动人民、解放一切民族、解放全人类，就不能解放自己，所以他忠诚的帮助一切被压迫人民、一切被压迫民族争取自己解放的斗争"；并号召"世界一切反法西斯战士，首先是我党党员，应当学习和发扬白求恩同志这种国际主义精神和许多优良品质，来最后战胜法西斯主义，完成白求恩同志未了的伟大事业"。②

在延安文艺座谈会精神的鼓舞下，文艺工作者开始创作有关白求恩的文学作品。 白求恩逝世五周年之际，正在中央党校学习的周而复完成了 2 万多字的报告文学《诺尔曼·白求恩断

---

① 八路军政治部、卫生部联合编印：《诺尔曼·白求恩纪念册》，1940 年版。
② 朱德：《纪念白求恩同志》，《解放日报》1942 年 11 月 13 日，第 1 版。

片》，先由《解放日报》于 1944 年 11 月 12—14 日连载，后由八路军联防政治部出版单行本，并被数次收入各类文学作品选集。《诺尔曼·白求恩断片》生动记录了白求恩与晋察冀边区军民的交往细节，例如在叙述白求恩鼓励军民献血救治伤员的部分，作者写道："从此，许许多多失血过多伤势垂危的战士，他们血管里有国际无产阶级代表的血，有中国抗日人民的血重新在流着，使他们能够第二次获得生命，继续为中华民族解放事业和全世界解放事业，奔走在火线上，和东方法西斯匪徒肉搏！"①1946 年，转任香港中共华南分局文化工作委员会委员的周而复创作长篇小说《白求恩大夫》，在香港发行的《小说月刊》上连载。这部小说经龚澎介绍，由陈为熙翻译，对加拿大作家泰德·阿兰（Ted Allen）和塞德纳·戈登（Sydney Gordon）将要写作的白求恩传记产生了极大影响。1949 年以后，《白求恩大夫》先后发行了日文、俄文和英文译本，并于 1951 年由文化部组织改编为电影剧本，但在江青的干预下未能上映。②

中华人民共和国成立不久，适逢白求恩逝世十周年，各界举行了隆重的纪念活动。1949 年 10 月，华北军区卫生部政治部发出指示："宣传以白求恩大夫为典范的人民医务工作者的国

---

① 周而复：《诺尔曼·白求恩断片》（纪念他逝世五周年），华东新华书店总店 1948 年版，第 23 页。
② 周而复：《谈〈白求恩大夫〉》（代序），《白求恩大夫》，北京：人民文学出版社 1997 年版，第 6—7 页。

际主义精神，无产阶级的医疗技术观点，与热爱伤病员的革命品质，艰苦奋斗克服一切困难的工作作风。教育全体医疗卫生工作人员，提高马列主义的政治水平与医疗科学的素养，真正做到优良技术与政治责任心相结合。在白求恩的旗帜下，逐步地达到建设人民军队正规化医院的目的。"①11 月 12 日，《人民日报》重新刊发毛泽东的《学习白求恩》一文，并在同版刊发《华北解放军报》刊登的《白求恩大夫在晋察冀军区工作经过》、华北军区卫生部副部长叶青山撰写的《忆念伟大的国际主义者——白求恩大夫》以及马丁撰写的《白求恩大夫是新中国医务工作者的方向》三篇文章，鼓励全国人民继续学习白求恩的国际主义精神，投身新中国的建设洪流之中。②此外，北京大学医学院师生和南京医药界工作人员，也举行了纪念白求恩的活动。③1950 年，新华书店编辑部出版《学习白求恩》一书，其中包括毛泽东《学习白求恩》、白求恩《国际和平医院开幕词》、周而复《诺尔曼·白求恩断片》和《再生》（发表于《大公报》1949 年 11 月 12 日）以及叶青山和马丁在《人民日报》上发表的纪念文章。④

---

① 梅岭：《学习白求恩伟大工作精神　建设人民军队正规化医院　白求恩逝世十周年 华北军区卫生部指示　号召各医院盛大纪念》，《人民日报》1949 年 10 月 29 日，第 4 版。
② 《人民日报》1949 年 11 月 12 日，第 4 版。
③ 柏生：《北大医学院师生　隆重纪念白求恩　聂市长号召：学习白求恩国际主义精神》，《人民日报》1949 年 11 月 13 日，第 4 版；《南京医药界　纪念白求恩》，《人民日报》1949 年 11 月 15 日，第 4 版。
④ 新华书店编辑部：《学习白求恩》，上海：新华书店 1950 年版。

1951 年起，经毛泽东亲自审定的《毛泽东选集》陆续出版，《学习白求恩》一文也在修改后以《纪念白求恩》为题收入其中。[1] 文章开篇写道：

> 白求恩同志是加拿大共产党员，五十多岁了，为了帮助中国的抗日战争，受加拿大共产党和美国共产党的派遣，不远万里，来到中国。去年春上到延安，后来到五台山工作，不幸以身殉职。一个外国人，毫无利己的动机，把中国人民的解放事业当作他自己的事业，这是什么精神？这是国际主义的精神，这是共产主义的精神，每一个中国共产党员都要学习这种精神。列宁主义认为：资本主义国家的无产阶级要拥护殖民地半殖民地人民的解放斗争，殖民地半殖民地的无产阶级要拥护资本主义国家的无产阶级的解放斗争，世界革命才能胜利。白求恩同志是实践了这一条列宁主义路线的。我们中国共产党员也要实践这一条路线。我们要和一切资本主义国家的无产阶级联合起来，要和日本的、英国的、美国的、德国的、意大利的以及一切资本主义国家的无产阶级联合起来，才能打倒帝国主义，解放我们的民族和人民，解放世界的民族和人民。这就是我们的国际主义，这就是我们用以反对狭隘民族主义和狭隘爱国主义的

---

[1] 参见李红梅、王思遥《〈纪念白求恩〉版本考证》，《出版发行研究》2015 年第 6 期，第 100—102 页。

国际主义。①

毛泽东指出，国际主义精神是白求恩诸多优秀品质的凝练，国际主义精神是共产主义精神，值得每一位中国共产党党员认真学习。毛泽东认为，国际主义是列宁主义的要求，无论是在资本主义国家还是在殖民地半殖民地，世界各国无产阶级都应该实现联合，避免狭隘民族主义和狭隘爱国主义的倾向，互相支持彼此打倒帝国主义、争取解放的斗争。毛泽东用简洁而满怀激情的文字，将白求恩的光辉品质与当时党内的不良现象作对照，号召全体党员向白求恩学习：

> 一个人的能力有大小，但只要有这点精神，就是一个高尚的人，一个纯粹的人，一个有道德的人，一个脱离了低级趣味的人，一个有益于人民的人。②

从《学习白求恩》到《纪念白求恩》，毛泽东的论述高度概括了国际主义的精神意涵。这篇文章也被收入教科书，为一代代青年学生颂扬和铭记。

---

① 毛泽东：《纪念白求恩》（1939年12月21日），《毛泽东选集》第2卷，北京：人民出版社1991年版，第659页。
② 毛泽东：《纪念白求恩》（1939年12月21日），《毛泽东选集》第2卷，第660页。

三、 学习《纪念白求恩》

在社会主义革命和建设时期的不同年代，毛泽东的《纪念白求恩》一文和白求恩的国际主义精神，鼓舞着中国人民积极应对国内外的多重挑战。 1950 年，抗美援朝战争爆发后，《人民日报》在白求恩逝世 11 周年之际发表文章，指出："白求恩的精神，是爱好自由和平正义的精神，是崇高的国际主义精神，我们应该学习这种精神，实践这种精神，特别是医务卫生工作者，更应该继承白求恩大夫的遗产，对争取祖国解放的朝鲜战士和人民去发挥救死扶伤的革命人道主义与崇高的国际主义精神，来纪念白求恩。"①次年，《人民日报》在白求恩逝世 12 周年之际再次刊文，作者叶青山呼吁："我们必须更好地发扬和学习白求恩大夫的国际主义精神；我们必须认真学习并在实际工作中运用苏联最先进的医学经验、军事医学经验；才会在抗美援朝的斗争中，在朝鲜战场上作出更好更大的成绩。"②1954 年 11 月 12 日，叶青山撰文指出："在纪念白求恩同志逝世十五周年的今天，回忆白求恩同志的英雄事迹，重温毛主席的教言，我们医务工作者应当更好地学习白求恩同志，

---

① 中央卫生部通讯组：《发挥白求恩大夫国际主义精神　纪念白求恩同志逝世十一周年》，《人民日报》1950 年 11 月 12 日，第 3 版。
② 叶青山：《为人民健康，为人民军队的健康而努力工作！ ——纪念白求恩大夫逝世十二周年》，《人民日报》1951 年 11 月 12 日，第 3 版。

更好地为人民的健康而努力工作。"①

随着国内外形势出现新变化，有关白求恩的宣传报道愈加增多，《纪念白求恩》成为更加重要的学习材料。1965年，中国青年出版社出版《伟大的国际主义战士白求恩》一书，上编收录了11篇白求恩战友的回忆文章，下编是白求恩的部分遗稿，聂荣臻为本书撰写序言"听毛主席的话，向白求恩学习"，其中指出："白求恩同志是加拿大共产党员，是一个无产阶级的国际主义战士。所以，他不仅为加拿大劳动人民服务，而且为全世界一切被压迫、被剥削的人民服务"；"学习这种精神，在今天，具有极其重要、极其深刻的意义"。② 与此同时，中国青年出版社出版的《树立为人民服务的人生观：学习〈为人民服务〉、〈纪念白求恩〉的体会》一书，收录了10篇工农兵青年的学习心得，为人民服务的理念和国际主义的精神在书中实现了有机融合。例如，解放军战士廖初江联系到严峻的国内外形势，坚定地指出："我们是无产阶级的革命战士，是把完全为人民服务、解放全人类和实现共产主义，做为终生的奋斗目标，所以，应该在任何时候，对任何事情，都完全为人民着想。这也是一个破个人主义思想、立共产主义思想的斗争过程"。再如，沈阳市和平副食品商店员工分享了自己学习《纪

---

① 叶青山：《纪念白求恩同志逝世十五周年》，《人民日报》1954年11月12日，第3版。
② 中国青年出版社编：《伟大的国际主义战士白求恩》，北京：中国青年出版社1965年版，第5页。

念白求恩》的体会，具体表现在"对工作极端负责，对人民极端负责""把国家利益和群众利益统一起来""要有毫无自私自利之心""思想过硬才能技术过硬"四个方面。① 类似的表述还出现在河北人民出版社出版的《学习〈纪念白求恩〉》一书中，编者指出：毛泽东《纪念白求恩》一文"号召每一个共产党员，都要学习白求恩同志崇高的国际主义精神，学习他毫不利己专门利人的精神，学习他对工作的极端的负责任，对同志对人民的极端的热忱"；由此，编者表示，"学习《纪念白求恩》，要学习白求恩同志崇高的国际主义和共产主义精神，以世界革命为己任，把各国人民革命事业看成是自己的事业，把我们的工作与世界革命联系起来，支持一切被压迫人民和被压迫民族的解放斗争，使自己成为全心全意为中国和世界的绝大多数人服务的革命者"。②

　　毛泽东《纪念白求恩》一文和白求恩的国际主义精神，不仅影响了这一时期涌现的英雄楷模，而且鼓舞了各行各业的工作人员。在《人民日报》宣传雷锋的漫画中，有其认真学习《纪念白求恩》的场景，配文写道："雷锋怎么也睡不着，他再次认真地读了《纪念白求恩》这篇文章，心里忽然亮堂起来：'毛主席啊，我一定按照您的话做！不管自己力量大小，全部

---

① 《树立为人民服务的人生观：学习〈为人民服务〉、〈纪念白求恩〉的体会》，北京：中国青年出版社 1965 年版。

② 河北人民出版社编：《学习〈纪念白求恩〉》，天津：河北人民出版社 1965 年版，第 1—2 页。

献给人民，毫不利己，专门利人！'"①《人民日报》还曾刊登过烈士王杰的诗作："一学《纪念白求恩》，做个道德高尚人。二学《纪念白求恩》，做个有益于人民的人。 三学《纪念白求恩》，毫不利己专为人。 四学《纪念白求恩》，对待同志要热忱。 五学《纪念白求恩》，对待工作负责任。 六学《纪念白求恩》，精益求精学先进。"②1964 年 11 月 9 日，白求恩逝世 25 周年前夕，石家庄白求恩国际和平医院举行隆重的纪念活动；而自 9 月起，该院就开展了以学习《纪念白求恩》为中心的活动，"在各种会议上，医务人员们纷纷表示要遵循着毛主席教导，象白求恩同志那样，胸怀全球，为共产主义事业的彻底胜利而奋斗到底。"③

在援助亚非拉国家解放和建设事业过程中，中国人民对毛泽东《纪念白求恩》一文和白求恩的国际主义精神有了更加深刻的理解。《人民日报》在宣传援助阿尔及利亚的中国医生的报道中写道，他们认真执行中国政府的对外政策，提出"一切为了阿尔及利亚人民的健康""做一个'白求恩'式的白衣战士"等口号。④ 支援越南高炉建设的石景山钢铁公司工人姚世魁表示，要学习白求恩献身世界革命的精神，"我想无产阶级革

① 吴敏、高山：《毛主席的好战士——雷锋》，《人民日报》1963 年 4 月 10 日，第 6 版。
② 《王杰诗抄》，《人民日报》1965 年 11 月 15 日，第 6 版。
③ 《学习白求恩毫不利己专门利人的精神白求恩医院举行集会纪念伟大国际主义战士逝世二十五周年》，《人民日报》1964 年 11 月 12 日，第 1 版。
④ 温述仙：《中国医生在阿尔及利亚》，《人民日报》1964 年 10 月 8 日，第 3 版。

命的最终目的是要解放全世界，我们的国家虽然解放了，但世界上还有三分之二的人在受压迫受奴役，需要我们去支援"；"无产阶级的国际援助总是相互的。我们在越南做了一点事，也从越南人民中学到不少东西"。① 1970 年，上海人民出版社出版《以白求恩同志为光辉榜样——中国医生和工程技术人员在国外》一书，其中收录了更多中国工作者践行国际主义精神的事例。在该书中，1968 年抵达几内亚的中国医疗队成员写道："在这短短的半年里，中国医疗队的同志们时刻牢记伟大领袖毛主席关于为全中国人民和全世界人民服务的教导，学习白求恩医生的国际主义精神，艰苦奋斗，忘我工作，博得了几内亚广大人民群众的热烈的赞扬"；在尼泊尔支援的中国医生和工程技术人员表示，他们时刻牢记毛主席教导，"白求恩同志毫不利己专门利人的精神，表现在他对工作的极端负责任，对同志对人民的极端的热忱"，最终克服诸多困难，成功抢救三位身受重伤尼泊尔朋友；参加修筑坦赞铁路的中国工程技术人员也"牢记毛主席的教导，发扬高度的国际主义精神，一直英勇顽强地奋战着"。②

20 世纪 60 年代，毛泽东在抗日战争期间写作的三篇文章《纪念白求恩》《为人民服务》和《愚公移山》被称作"老三

① 河北人民出版社编：《学习〈纪念白求恩〉》，天津：河北人民出版社 1965 年版，第 13、17 页。
② 《以白求恩同志为光辉榜样——中国医生和工程技术人员在国外》，上海：上海人民出版社 1970 年版，第 10、59、62 页。

篇"，得到了广泛传播和深入学习。 改革开放以来，白求恩的国际主义精神被继续弘扬。 1979 年，人民出版社编辑出版《纪念白求恩》一书，其中收录了诸多党和国家领导人的题词。 叶剑英写道："无私的援助，光辉的榜样"；邓小平写道："做白求恩式的革命者，做白求恩式的科学家"；宋庆龄写道："白求恩精神光耀千秋"；聂荣臻写道："学习白求恩同志的革命精神，学习白求恩同志的科学态度"；徐向前写道："白求恩同志为国际共产主义而英勇奋斗牺牲的精神，是中国人民永远怀念和学习的榜样"。 此外，聂荣臻还在回忆文章中写道："在纪念白求恩同志逝世四十周年的时刻，我们要遵循毛泽东同志的教导，认真学习白求恩同志高尚的共产主义和国际主义精神，为在我国实现四个现代化，为社会主义和共产主义事业在全世界取得更大的胜利，而努力奋斗！"①至今，白求恩的国际主义精神仍然具有重要的现实意义。

事实上，在近代中国的历史语境中，存在很多截然不同的"国际主义者"。 以《申报》为例，这些"国际主义者"大致可以分为三类：其一，国际政治舞台上的活跃人物，如美国国务卿赫尔、印度独立运动领袖尼赫鲁、联合国首任秘书长赖伊等；其二，世界各国文化界知名人士，如罗素、美国在华传教

---

① 聂荣臻：《"要拿我当一挺机关枪使用"——怀念白求恩同志》，人民出版社编：《纪念白求恩》，北京：人民出版社 1979 年版，第 15 页。

士李佳白、英国作家韦尔斯、法国作家纪德等；其三，列宁、布尔什维克党员、共产主义者等。 不过《申报》的描述多有贬义。 但在实践中，白求恩作为"无产阶级国际主义战士"的形象流传甚广，深入人心。 究其缘由，白求恩本人"手术刀就是武器"的生平经历、毛泽东等中国共产党领袖亲身投入的纪念事宜，以及围绕《纪念白求恩》一文展开的学习活动，共同促使白求恩及其国际主义精神产生了巨大的社会影响。

结语

国际主义是英国工业革命和法国大革命催生的现代概念。边沁在讨论国际法问题时创造的"international"一词，延续了古希腊罗马以来的和平思想，唤起了西方社会对于各国友好相处的追求。特别是在社会主义发展史的脉络中，经过马克思、恩格斯、列宁的系统诠释和第一国际、第二国际、第三国际的实践检验，无产阶级国际主义深化了全世界劳动人民团结斗争的重要意义。

两次鸦片战争以后，随着国际法知识的译介，"international"一词逐渐进入中文语境，经历了从"万国"到"国际"的译词变化，见证了中国人从"天下"到"世界"的观念转型。至于国际主义概念在近代中国的肇始，不仅与世界局势的发展息息相关，而且与中国本土的实际紧密结合。1919年前后的法国巴黎，成为三种国际主义思潮相互竞逐的"记忆之场"。参加巴黎和会的中国代表团和旅法知识分子，赞同威尔逊主义和国际联盟的设计；留法勤工俭学运动的主倡者和早期参与者，追求无政府主义和打破国家界限的理念；而在现实斗争中，一批留法青年走上了马克思主义的道路，坚定了共产主义的远大理想。法兰西的影响回照到国内，与五四新文化运动的浪潮产生交响。以巴黎大学博士周鲠生为代表的国际法研究者，致力于从国际政治的视角探讨民族主义与国际主义的关系，开创了近代中国的国际法学科体系。以胡愈之为代表的世界语主义者，在亲历留法访苏以及20世纪30年代左翼文学运动的切实体验后，踏上了追寻"真正国际主义之道"。诞生于法国革命烽火中的《国际歌》，通过瞿秋白、萧三、陈乔年等人的译介，经由法俄两国的不同渠道传入中国，鼓舞了中国人民争取民族独立解放和实现国际主义理想的革命斗争。

中国共产党人始终是无产阶级国际主义的倡导者和践行者。身在海外的谢唯进努力克服艰难条件，积极向西方国家和兄弟党传递来自中国的声音。西班牙战争爆发后，他毅然加入国际纵队，在战场上和集中营内与法西斯主义者展开斗争。"保卫马德里"的口号传回国内，深刻影响了中国军民的抗日精神和中国共产党的战略决策。另一方面，不少国际主义战士在走下西班牙战场后，投身于中华民族的解放事业，加拿大籍医生白求恩就是其中的杰出代表。白求恩深刻认识到资本主义的落后腐朽与共产主义的光明前景，他将手术刀作为武器，在西班牙战场和中国战场上实施战地医疗救助，终因感染不治病故。白求恩牺牲后，毛泽东专门撰文以示纪念，白求恩精神也由此成为国际主义的具象化呈现，通过教科书、出版物等方式代代相传。

关于国际主义概念在近代中国的传播，不只有词与物的流转，还涉及人与事的纠缠。曾在法兰西经历青春岁月的周恩来与周鲠生，虽然选择了革命与学术的不同道路，但在 1949 年以后，周鲠生为新中国的外交政策建言献策，作出了重要贡献。1924 年，瞿秋白和胡愈之同在上海夏令讲学会分别执教"社会科学概论""新经济政策"和"世界语"的不同课程；1935 年瞿秋白牺牲后，鲁迅、胡愈之等人费心编印出版瞿秋白遗著《海上述林》，并协助其遗孀杨之华赴苏联学习。至于不同版本的《国际歌》译者，例如瞿秋白、郑振铎、耿济之、萧三、陈乔年等人之间，更保持了亦师亦友的同道情谊。1936 年创作《保卫马德里》的昌骥，也在 1939 年协助萧三修订《国际歌》的歌词……类似的联系不胜枚举。经过五四新文化运动的激荡和 20 世纪二三十年代的竞逐，从国际法、无政府主义等视角理解国际主义的思潮逐渐退场，而在抗日战争期间，中国共产党的无产阶级国际主义理论体系基本形成，爱国主义与国际主义互为补充，亦即毛泽东在 1939 年所说的"真正国际主义之道"和"真正革命之道"。

中华人民共和国成立后，国际主义精神得到继承和发展。1950 年，天安门广场城楼两侧开始悬挂巨幅标语——"中华人民共和国万岁"和"世界人民大团结万岁"。1956 年起，"无产阶级国际主义"的表述连续出现于党的八大至十三大颁布的

《中国共产党章程》。① 1956 年颁布的《初级中学世界历史教学大纲（草案）》规定："在世界历史的教学中必须贯彻爱国主义和国际主义教育"。 及至 1996 年颁布的《全日制普通高级中学历史教学大纲》也指出："国际主义和促进世界和平与发展的思想"是思想教育层面的目标之一。② 时至今日，"构建人类命运共同体"的理念，更是对国际主义精神的传承和弘扬。

---

① 本书编委会编：《中国共产党历次党章汇编：1921—2017》，北京：中国方正出版社 2018 年版。
② 课程教材研究所编：《20 世纪中国中小学课程标准·教学大纲汇编：历史卷》，北京：人民教育出版社 1999 年版，第 167、705 页。

后记

2015 年 5 月 22 日，在南京大学历史学院学生会主办的活动中，第一次聆听到孙江教授关于社会史、心性史和概念史的讲座，不久后便有幸投身于老师门下。 十年间，命运的齿轮未曾停转。 感谢恩师不弃，宽容我的懒怠，不仅悉心指导我的学业和论文，而且时刻关注我的工作和生活，督促我不断完善这篇学位论文之外的"副产品"，并允许将之纳入"学衡尔雅文库"出版。 于我而言，这本小书既是此前学习心得的报告，也是未来继续努力的起点。

　　本书写作过程中，屡次得到张凤阳、李恭忠、李里峰、黄骏、王楠等老师的关心和指导。 部分章节曾在"中国革命的概念史研究"学术研讨会上报告，承蒙潘光哲、聂长顺、赵广军、吴志军、王力丁等老师的批评和指正。 葛银丽博士提供写作思路，刘清源博士给予资料帮助，温度和郭元超两位师弟时常在线监督，洪意恒同学协助校对史料。 书稿出版前后，戴亦梁、陈颖、王暮涵等老师费心颇多。 在此冒昧一并致谢。

　　本书是 2022 年中国博士后科学基金第 72 批面上项目资助

"国际主义：一项基于近代中国政治—社会语境的概念史研究"（编号：2022M721557）的成果。概念史是旨在揭示政治与社会关系的跨学科研究，需要新史料和新方法的支撑和思考。本书的不足之处和一切错误，均是笔者学识浅陋所致。囿于个人能力和语言条件，重视国际主义的法国因素，既是本书的特色，也是本书的局限，更与笔者的经历相关。2018年夏，我前往法国工业重镇里尔，这里曾是皮埃尔·狄盖特为《国际歌》谱曲的城市，里尔政治学院的"欧盟与国际关系"课程，让我开始接触到有关国际法的知识。2019年秋，我住在巴黎南郊小镇沙蒂永，这里是传统意义上的"富人区"，疫情初期法国"限制出行"的政策，让我颇有"无政府主义"的体验。2025年春，我只身来到塞纳-圣但尼省的拉库尔讷沃，这里自二战结束起就是共产主义者和社会主义者执政的城市，不过一周我便认识了不同国籍的友人，也期待能够开启新的体验。

三次造访法国，得到了诸多朋友的帮助，感受到了国际主义的温暖。每次抵达巴黎，寻访的第一站都是拉雪兹神父公墓。前两次，感谢伙伴们的包容，陪同我在偌大的墓园中漫步。这一次，我独自在巴黎公社社员墙下驻足许久，看到了斯里兰卡同志留下的纸条——"献给我们那些英勇牺牲的战友"，听到了法国中学老师的现场教学——"公社社员为捍卫祖国而战，却被凡尔赛政府镇压"。在樱桃花开的时节，谨以这本小书，致敬献身于理想的国际主义战士。

作者谨识
2025年春

"学衡尔雅文库"书目

已出版书目（按书名音序排列）

《法治》 李晓东 著

《封建》 冯天瑜 著

《功利主义》 李青 著

《国际主义》 宋逸炜 著

《国民性》 李冬木 著

《国语》 王东杰 著

《科学》 沈国威 著

《美术》 李冰楠 著

《人种》 孙江 著

《政治学》 孙宏云 著

即将出版书目（按书名音序排列）

《帝国主义》 王瀚浩 著

《平等》 邱伟云 著

《实用主义》 李青 著

待出版书目（按书名音序排列）

《白话》 孙青 著

《共产主义》 王楠 著

《共和》 李恭忠 著

（待出版书目仍在不断扩充中）